이탈리아를 만나면
세상은 이야기가 된다

이탈리아를 만나면
세상은 이야기가 된다

밀라노에서 몰타까지
아내와 함께 떠난 21일간의 여행

우태영

우리의 삶은 자식들에 남기는 선물로 기억된다.

Our lives will be remembered by the gifts we leave our children.

"어딜 간다구?"

아내가 큰 눈을 더 크게 뜨며 다그쳐 물었다.

"이탈리아!"

내가 결의를 담은 듯 목소리를 깔아 대답했다.

"왜 하필 이탈리아인데? 그것도 한 달씩이나."

지난 해 가을이었다. 내가 아내에게 이탈리아 한 달 여행 계획을 털어놓자 아내가 의아해하며 물었다. 남편이 장기 여행을 가자고 하면 아내는 금세 좋다는 반응을 보이겠지만 혹시 신변에 말 못할 일이 생긴 것은 아닌지 불안한 생각도 들 것이다. 아내와의 이탈리아 한 달 여행 계획을 세우기 시작한 것은 퇴직을 앞둔 때였다. 그리고 퇴직을 하고 곧바로 아내의 손을 잡고 이탈리아행 비행기에 오르게 되었다.

나의 이러한 행동이 뭔가 논리적 근거를 가지고 깊이 생각해서 정한 일이 아니다. 어느 가장의 머릿속에 막연하게 떠오른 아이디어일 뿐이다.

그동안 나 자신의 수고에 보답이 될 만한 기념행사를 가질 수 없을까를 고민하게 되었다. 30여 년을 함께해 온 아내를 위해서도 같은 생각이 들었다. 아이들이 다 큰 다음에는 아내는 항상 혼자서 집을 지켰다. 남편이 의욕을 잃을까 조바심내고, 아이들을 키우며 집에서는 거의 혼자서 일하며 시간을 보내기 일쑤였다. 그래서 인생의 황혼기를 맞이하여 힐링도 되고 기억에도 남을만한 일을 벌이고 싶었다.

요즘에 여성들이 가장 좋아하는 것 중의 하나가 바로 여행이다. 내가 가끔 "회사 그만두면 여행이라도 갈까?" 하고 말하면 아내는 "나야 좋지" 하고 화답하기도 하였다. 그래서 나는 아내와 함께 퇴직을 기념하여 한 달 동안 해외여행을 떠나기로 결심하였다. 가족을 위하여 헌신한 데 대한 선물이기도 하였다. 그런데 어디를 가야 하나?

우리나라 사람들 사이에 해외에서 한 달 살기가 유행이라는 뉴스들이 많았다. 동남아시아 국가들이 인기라고 한다. 그런데 12월이나 1월 같은 겨울에도 대낮에는 섭씨 30도를 오르내리는 더운 날씨에 시달려야 한다. 물가도 요즘에는 그렇게 싸지도 않은 것 같다. 베트남의 쌀국수나 태국의 똠양꿍도 하루 이틀이지 매일 그것만 먹으면서 더위에 시달릴 수도 없는 노릇이다.

　퇴직한 사람들이 많이 찾는 곳이 스페인의 순례길 산티아고 델 카미노이다. 공무원 하다 퇴직한 지인은 한 달 간 카미노 길을 걸었다고 자랑했다. 그런데 해외 인터넷에서 관련 정보를 찾아보니 의외로 가지 말라는 내용이 많았다. 내륙의 순례길이 고속도로에 인접해서 볼 것도 없고 먼지만 날린다는 설명이었다. 굳이 가려거든 경치 좋은 다른 길을 선택해서 가라는 사람들이 많았다. 우리나라의 인터넷을 살펴보니 사람들이 순례길을 걷다가 발에 생긴 물집을 찍은 사진들을 많이 올려놓았다. 숙소도 부부가 함께 머물기는 어려운 곳들이었다. 의지의 한국인들이 군대에서 경험했던 행군의 추억을 떠올리며 생존력을 키우려 이를 악물고 다니는 것 같았다. 아내의 헌신에 보답으로 제공할만한 여행지는 아니라는 생각이 들었다. 태양빛이 작렬하는 산티아고 길을 땀을 뻘뻘 흘리면서 걸어가는 아내에게 "평생을 함께 해 줘서 고마워요." 하고 말했다가는 당장 집으로 돌아가자는 핀잔이 나올 것만 같았다.

　거대한 나라 미국을 여행하려면 차를 렌트해야 하는데, 동부와 서

부를 한 달 동안 차를 몰고 여행하다가는 지칠 것만 같았다. 비용도 만만치 않은 듯 하였다. 중국은 무엇보다도 음식이 입에 맞지 않는다. 과거에 회사일로 1주일간 중국에 출장간 적이 있었다. 1주일은 현지 음식을 억지로 먹었지만 그 이상은 도저히 먹을 수가 없었다. 중국 본 토의 음식은 우리에게는 이상하게 맞지 않는다. 하루 이틀은 맛있다 고 먹지만 그 이상은 먹기 어렵다. 중국은 치안도 좋지 못하다. 배낭 을 메고 홀로 다니며 장기간 여행을 하기는 어려운 나라이다.

결국 퇴직 기념으로 한 달 여행을 할 나라를 유럽에서 찾을 수밖 에 없게 된 나는 어렵지 않게 이탈리아를 선택할 수 있었다. 유럽 대 부분의 나라들은 오랜 전통과 문화유산을 보유하고 있다. 영국 프랑 스 독일 스페인 등은 도시 어디를 가나 아름다운 문화재들을 간직하 고 있다. 어느 나라를 가야할까를 생각하다가 유럽의 나라들 가운 데 사라지면 가장 아쉬울 나라는 어디일까 하고 자문해 보았다. 이탈 리아라는 결론에 어렵지 않게 도달하였다. 이탈리아는 로마제국 이후 중세 르네상스 시대까지 세계의 문화를 창조하고 이끌어온 나라이다.

로마 이후 르네상스 시대까지 세계 문화의 중심은 단연 로마, 피렌체, 베네치아 같은 도시들이었다. 오늘날 우리가 누리고 있는 근대문명의 물질적-정신적 토대는 상당 부분 로마제국, 로마교황청, 르네상스 이탈리아에서 비롯되었다. 나폴리, 밀라노 등에도 풍부한 문화유산들이 남아 있다. 피자, 파스타 같은 음식 또한 우리와 친근하다.

　나는 아내와의 여행 목표 국가를 이탈리아로 정하고 여러 여행사들이 판매하는 패키지 상품을 찾아보았다. 길어야 1주일 남짓한 코스들인데도 가격이 매우 비쌌다. 공휴일이나 명절이 낀 날짜에는 가격이 2~3배로 훌쩍 뛰었다. 여기에 가이드 팁도 주어야 하고, 가끔은 군것질하는 데 돈이 든다. 그리고 패키지 상품은 워낙 여러 곳을 다니므로 차를 타는 시간이 많고, 숙소는 대부분 도시 외곽에 자리 잡고 있다. 가이드들이 안내하는 선물가게도 들러야 하므로 시간을 허비하는 경우도 많다. 여행사 패키지 상품은 인스턴트 음식 같아서 편리하긴 하지만 시간적인 여유가 없는 사람들에게 적합하다. 나처럼 한 달 여행을 계획한 사람이 선택할 이유가 없다. 나는 아내와 함께 이탈리아 배낭여행을 떠나기로 결심하게 되었다.

여행 시기는 한여름 더위를 피하여 9월로 정했다. 이탈리아의 7~8월은 관광객들이 가장 많이 몰리는 시기이다. 물가가 오르고 어디를 가나 인파에 넘친다. 날씨도 덥다. 한낮에는 섭씨 35도를 오르내려 다니기도 힘들다고 한다. 10월 이후에는 해도 짧아지고 우기로 접어든다. 미술관이나 성당들은 보수공사를 시작하느라 볼거리도 줄어든다. 해외의 여행 사이트들에는 이탈리아 여행 시기는 휴가철이 지난 9월이 최적이라고 주장하는 글들이 많았다.

코스는 밀라노로부터 시작하여 베네치아, 피렌체, 로마, 나폴리, 시실리 등을 거친 뒤, 가는 김에 인접한 나라인 몰타까지 들러 보기로 하였다. 여행 기간은 당초 한 달을 생각했지만 너무 힘들 것 같아서 3주로 줄였다. 여행하는 데 필요한 비행기, 교통편과 숙소 등은 모두 서울에서 한두 달 전에 인터넷으로 예약하였다.

서울에서 출발하여 밀라노에 내리고, 귀국할 때는 몰타에서 서울로 돌아오는 항공편을 검색하였다. 갈아타기 위한 대기 시간이 가장 짧고, 가장 저렴한 것은 유럽의 항공사였다. 2019년 9월 9일 독일 뮌헨에서 이탈리아로 가는 비행기를 갈아타기 전에 유럽연합^{EU}으로 입국하였다. 3주간 여행하는 동안 로마제국, 로마교황청, 그리고 르네상스시대가 남긴 유적과 예술품들을 주로 살펴 보았다. 레오나르도 다 빈치, 미켈란젤로 등 위대한 작가들이 남긴 걸작들도 직접 대면할 수 있었다. 거듭된 역병과 전란의 역사를 지나면서도 그처럼 많은 위대한 작품들을 원형대로 감상할 수 있게 보존해 온 이탈리아인들의 정성에 새삼 고마운 생각이 들었다. 이탈리아 사람들이 현재의 코로나 19 역병도 머지않아 극복할 수 있으리라는 점을 조금도 의심하지 않는다.

30일까지 3주간 이탈리아와 몰타를 여행하면서 겪은 매일 매일의 감상을 담았다. 항상 필자와 함께 하는 아내 김미령, 두 아들 우양권, 우대권에게 고마움을 전한다. 이 책이 나오기까지 세심하게 배려해준 선출판사 김윤태 사장에게도 심심한 사의를 전한다. 이 책에 삽입된 사진들은 대부분 필자가 직접 촬영한 것들이다. 일부는 독자들의 이해를 위하여 부득이 자료사진을 활용하였다.

코모

밀라노

베네치아

친퀘테레

피렌체

로마

티볼리

나폴리
폼페이
아말피

팔레르모

몰타

이탈리아를 만나면
세상은 이야기가 된다

DAY 1

간단치 않은 출발

아침 일찍, 설레는 마음을 안고 서울인천 공항에서 좌석을 배정받을 때 나란히 붙어 있는 좌석을 받을 수 없었다. 2시간 전에 공항에 도착했는데도 앞뒤로 떨어진 좌석들밖에 남지 않았다. 나와 아내는 3개씩 이어진 좌석의 가운데 자리를 앞 뒤로 받았다. 항공사 데스크 직원은 비행기에 탑승한 뒤 손님들에게 양해를 구하면 되지 않겠냐고 말해주었다.

　　탑승하자 독일인 남성 두 명과 여성 한 명이 우리가 앉은 복도쪽 옆좌석으로 다가와 앉았다. 내가 남성들에게 자리를 바꿔줄 수 있겠느냐고 묻자 그들은 흔쾌히 좋다고 답했다. 그런데 갑자기 키가 큰 독일 여성이 안 된다고 가로막았다. 나중에 보니 이 여성은 거구의 독일 남성 옆에 앉아서 가기 싫었던 것 같았다. 결국 우리는 앞 뒤로 떨어져 앉아서 뮌헨까지 9시간을 타고 갔다.

　　뮌헨에 도착하여 밀라노행 비행기를 갈아타기 위하여 서울인천 공항에서 받은 티켓에 적힌 게이트로 가서 비행기가 출발하기를 기다렸다. 그런데 30분이 지나도 전광판에 밀라노행 항공기편이 나타나

◆
독일 뮌헨을 이륙한 비행기가 눈 덮인 알프스 상공을 지나 이탈리아 밀라노로 향하고 있다.
9월 초 알프스 남쪽으로는 화사한 날씨가 펼쳐진다.

지 않았다. 초조해 어찌된 일인가 두리번거리는데 30대 가량의 한 일본인 남성이 다가와 밀라노 가는 비행기를 기다리냐고 영어로 물었다. 내가 그렇다고 답하자 그는 스마트폰으로 받은 이메일을 보여주며 자신도 밀라노를 가는데 "밀라노행은 이 게이트에서는 출발이 취소되었고 다른 게이트에서 뜬다"고 말했다. 그 일본인 남성과 함께 변경된 게이트로 가서 겨우 밀라노로 가는 비행기를 탈 수 있었다. 나중에 보니 항공사에서는 이메일로 게이트 변경을 알리는 메시지를 보내긴 했었다.

우여곡절 끝에 제대로 탄 비행기가 이륙하고 얼마 지나지 않아 창밖으로 눈 덮인 알프스가 내려다 보였다. 알프스 산맥은 9월 초인데도 하얗게 눈이 덮여 있었다. 비행기가 알프스 산맥을 넘어가면서 비로소 이탈리아에 간다는 생각을 하게 되었다. 이탈리아 상공에 들어서자 초록색 가득한 땅덩어리가 햇볕을 받아 빛나고 있었다. 하늘에서 보아도 참 아름답고 풍요로운 지역임을 알 수 있었다.

우리는 밀라노 공항에 내려 버스를 타고 저녁 늦게 시내 중앙역에 도착했다. 그리고 짐가방을 끌고 미리 예약해 둔 숙소까지 걸어갔다. 안전하게 예정된 장소에 들어가 짐을 푸는 것으로 여행 첫날의 목표를 달성하였다.

DAY 2

밀라노의 다빈치

밀라노는 이탈리아의 경제수도이다. 새로운 빌딩들이 치솟고 여러 인종들의 경제활동도 많은 분주한 도시이다. 덕분에 이탈리아의 관광지 목록에서는 자주 밀려나는 곳이기도 하다. 내가 이탈리아의 첫 방문지로 밀라노를 선택한 이유는 날씨 때문이었다. 9월이면 이탈리아에서도 가을이 시작된다. 9월 초는 한여름이나 다름없지만 여행이 끝나는 9월 말이 되면 알프스 산 이남에 위치한 밀라노는 반팔을 입으면 쌀쌀한 날씨가 된다. 가을이 시작되는 시기에는 북에서 남으로 이동해야 따뜻한 날씨를 줄곧 누릴 수 있다고 판단하였다.

다빈치의 〈최후의 만찬〉

밀라노에서 꼭 보고 싶었던 것은 레오나르도 다빈치1452~1519의 벽화 〈최후의 만찬〉이었다. 나는 이 그림을 초등학교 시절 미술교과서에서 처음 보았다. 어린 시절 동네 이발관에 걸린 액자에서도 보았고, 친척 집 온돌방과 처갓집 아파트 거실 벽에 걸린 붉은 카펫에서도 〈최후의 만찬〉을 발견했다. 어린 시절부터 그림에 어떤 가치라는 것이 있다는 사실을 느끼게 해 준 작품이 바로 교과서에 인쇄된 조그만 〈최후의 만찬〉 사진이었다. 은하계에 박물관이 있어서 지구의 대표작들을 출품한다면 레오나르도 다빈치의 〈최후의 만찬〉과 미켈란젤로1475~1564의 〈천지창조〉와 〈최후의 심판〉이 선정되지 않을까 생각한 적도 있다.

요즘 들어 〈최후의 만찬〉 원작을 보고 싶은 욕구가 생긴 이유는 나이 탓인 듯도 하다. 나이가 들수록 육체의 건강이 허락되는 기간이 얼마 남지 않았다는 사실을 머릿속에 두고 살게 된다. 무엇을 할 것인가? 덧없이 지나버린 젊은 날을 안타까워할 수만은 없다. 뜨거운 증기 같은 열정과 분노가 가라앉아 텅 빈 내면을 채우는 데에는 가끔씩 어린 시절의 추억을 소환해내는 것도 한 방법이다. 순박했던 시절에 갖게 된 호기심을 채워 지금의 허망한 마음을 달랠 수도 있지 않을까.

다빈치의 〈최후의 만찬〉은 밀라노의 '산타 마리아 델레 그라치에' 성당에 보관되어 있다. 숙소가 위치한 밀라노 중앙역 부근에서 가려면 지하철을 타야 한다. 나와 아내는 아침 일찍 서둘렀다. 9시쯤 만원 지하철에 오르는데 한 젊은 여성이 지도를 들이대면서 "영어를 하느냐."고 묻는다. 생각 없이 "예스"라고 답했다. 뭔가 수상해서 앞에 맨 가방을 내려다보았다. 지퍼가 열려 있었다. 주의를 분산시킨 소매치기 일당이었다. 다행히 내 가방은 열어봐야 바로 커다란 안경집이 놓여 있을 뿐이다. 가방 옆에 달린 지퍼를 열면 빗이 들어 있다. 소매치기 하려고 손을 집어넣었더라도 안경집에 부닥치거나 빗에 찔려 다쳤을 것이다. 아내의 가방도 지퍼가 열려 있었지만 털린 물건은 없었다. 지하철 안에 있던 60대의 이탈리아 아줌마가 잃어버린 것이 없냐고 걱정스러운 표정으로 물어본다. 괜찮다고 답했다. 별로 놀라지도 않았다. 돈은 호텔의 안전금고에 넣어놓았다. 지퍼로 잠그는 호주머니에 깊숙이 넣고 다니는 잔돈은 몇 십 유로 정도였다. 털린다 하여도 손해는 최소한이었다.

　　중앙역에서 초록색 2호선을 탄 우리는 카르도나 역에서 내렸다. 스마트폰으로 구글맵을 보고 찾아가면 된다. 그런데 구글맵이 구동되지 않았다. 목적지는 지하철역에서 멀지 않은 곳에 있기 때문에 물어물어 찾아갔다.

　　산타 마리아 델레 그라치에 성당은 넓은 광장이 아니라 비즈니스타운 같은 길가에 있었다. 붉은 벽돌로 된 성당이었다. 원래는 수도원 건물이었다고 한다. 〈최후의 만찬〉은 수도사들의 식당으로 쓰이던 부속 건물에 있다. 〈최후의 만찬〉은 관람료가 10유로이다. 보려는 사람이 많으므로 인터넷으로 2유로를 더 내고 미리 예약해야 한다. 그런데 며칠 전에 시간까지 정확히 예약하기는 무리였다. 나는 현지에 일찍 가서 표를 산다는 생각으로 예약하지 않았다. 과연 관람객들이 많이 몰려들었지만 현지 매표소에서는 표를 팔고 있었다. 다만 5곳의 박물관 및 미술관 관람을 패키지로 38유로라는 비싼 값에 팔았다. 그런데 모두 다 가볼만한 곳들이었다. 가 볼 수 있을까 했던 브레라 미술관이 포함되어 있었다. 아내에게 물었다.

"38유로인데 볼까?"

"왜 물어보는 건데? 당신, 보고 싶어서 여기까지 온 거 아녜요?"

나는 입장권 두 장을 구매하였다. 아내가 다시 물었다.

"도대체 왜 나한테 물어보는 건데?"

"큰돈 나가는 일인데 당신의 동의를 구해야지…"

우리는 많은 관람객들과 함께 성당 옆 작은 부속 건물로 들어갔다. 철문을 두 개나 지나서야 다빈치의 원작을 대할 수 있었다. 〈최후의 만찬〉은 한쪽 벽에 그려져 있었다. 그림이 크다는 느낌이었다. 건물의 한쪽 벽면을 가득 메우고 있다. 가로 8.8m 세로 4.6m나 된다.

〈최후의 만찬〉 원작을 직접 대하니 무엇보다도 먼저 반갑고 기쁘다는 생각이 마음 깊은 곳에서 우러나왔다. 벽화의 중심을 차지하고 있는 예수의 모습, 그 좌우에 배치된 열두 제자들의 생동감 있는 몸

◆
다빈치의 벽화 〈최후의 만찬〉은
산타 마리아 델레 그라치에 성당 부속 건물의 한쪽 벽을 차지하고 있다.
벽화 위쪽에는 스포르차 가문의 문장이 그려져 있다.
예전에는 왼편에 있는 창문으로 햇빛이 들어왔다고 한다.
그림 속의 등장인물들은 실제 사람들 만큼이나 크다.
또 예수를 중심으로 원근법을 이용하여 보는 사람들에게 현실감을 선사한다.

짓과 얼굴들, 그리고 다양한 색깔의 옷 등이 생생하게 표현되어 있다. 배경을 이루는 장소의 뚜렷한 원근법 때문에 그림이 입체적으로, 사실적으로 다가왔다. 그림 속의 예수와 12사도들이 우리를 기다리고 있던 것 같다.

나는 그림에서 잠시도 눈을 뗄 수가 없었다. 예수는 한가운데에 자리 잡고 있다. 열두 제자들과의 마지막 만찬에서 예수는 "너희들 중 하나가 닭이 울기 전에 나를 팔아넘길 것"이라고 말한다. 그리고 그 범인은 바로 "나와 함께 그릇에 손을 넣는 자"라고 말한다. 다빈치는 예수가 폭탄 발언을 하는 순간 12사도들이 보인 충격과 분노를 벽화에 담았다. 다빈치는 12사도들의 자세와 손동작 그리고 표정만으로 각각의 개성을 극대화한다.

배신의 아이콘이 된 가롯 유다는 그림에 나오는 인물 가운데 가장 낮은 위치에 배치되어 있다. 유다는 예수와 같은 접시에 왼손을 뻗고 있다. 오른손으로는 돈주머니를 들고 있다.

유다는 은화 30전을 받고 예수를 배신한 인물로 성경에 기록되어 있다. 은화 30전은 당시로서는 노예 한 명을 살 수 있을 정도로 적은 액수였다고 한다. 이 때문에 유다의 배신에 대한 정치적인 동기가 제기되기도 한다. 유다는 열심당원으로 열렬한 민족주의자였다. 유다가 예수를 따르던 이유도 예수가 유대국가의 독립을 선언하고 국왕으로 등극하기를 희망했기 때문이라는 것이다. 그런데 예수가 독립을 선언할 조짐을 보이지 않자 배신하였다는 추정이다.

◆
다빈치는 〈최후의 만찬〉에서
예수가 "너희 중 하나가 나를 팔리라"고 말하는 순간 제자들이 보인 충격과 분노를 그렸다.
다빈치는 12제자들을 3명씩 그룹으로 나누었다.

가장 왼쪽의 바돌로메, 야고보, 안드레는 매우 놀라 예수를 바라보고 있다.
그 다음 3명은 예수가 가장 좋아했다고 전해지는 가룟 유다, 베드로, 요한이다.
베드로는 칼을 꺼내들고 있고 돈 지갑을 든 유다가 예수와 같은 그릇에 손을 뻗고 있다.
그 다음 3명은 도마, 야고보, 빌립보이다. 도마는 예수에게 설명을 요구하는 듯한 자세이다.
가장 오른쪽의 마태, 다데오, 시몬은 모두 예수의 발언을 믿지 못하는 듯 서로에게 묻는 듯한 자세이다.

그러나 복음서에는 은화 30전에 예수를 넘기고 양심의 가책으로 자살하는 도둑으로 기록되어 있을 뿐이다. 유다는 예수의 신뢰를 받아 모임의 재정책임자로 활동하였다. 가장 신뢰를 받는 인물이 배신자가 되어 등 뒤에서 칼을 꽂는 일은 역사에서 흔히 일어난다.

다빈치는 〈최후의 만찬〉에서 12제자들을 3명씩 모두 4개의 그룹으로 나누어 배치하였다. 요한, 베드로, 유다는 하나의 그룹이다. 예수가 가장 아끼던 제자들이라고 전해진다. 유다 위에서 성질 급한 베드로가 배신자를 처단하겠다는 듯 칼을 쥐고 달려들고 있다. 예수 오른편에는 요한이 아름다운 모습으로 그려져 있다. 미국의 소설가 댄 브라운은 《다빈치 코드》라는 소설에서 이 그림 속의 요한이 예수의 부인이라고 주장하여 주목을 끌었다. 다빈치가 예수의 부인이라며 요한을 그려 넣었을 리는 만무하다. 그런데도 터무니없는 내용을 바탕으로 한 댄 브라운의 소설은 국제적인 베스트셀러가 되고 영화로도 제작되어 엄청난 흥행을 하였다. 보통 사람들의 나약한 마음은 진실에서 비껴나는 이단이나 음모론의 유혹을 떨치기 어렵다는 반증이다.

그림에서 예수의 왼쪽에는 의심 많은 도마 등 다른 제자들이 예수에게 설명을 요구하거나 영문을 모르겠다는 자세이다. 원근법이 강조된 뒷배경과 천장은 그림에 담긴 성경 이야기에 사실성과 스케일을 부여하고 있다.

다빈치는 1490년대에 〈최후의 만찬〉을 완성하였다. 다빈치는 이 벽화를 처음 개발된 유화물감으로 그렸다. 당시까지 성당 벽화는 프레스코화로 그리는 것이 일반적이었다. 다빈치가 사용한 템페라 물감은 쉽게 변질되기 때문에 〈최후의 만찬〉은 완성되기도 전에 변색이 되기 시작하였다. 〈최후의 만찬〉은 복원을 거듭하고 있지만 원래의 모습은 찾기 어렵다. 영원히 불가능할 것이다. 그럼에도 불구하고 이 벽화가 왜 위대한가를 잠시 생각해 보았다.

〈최후의 만찬〉 맞은편 벽에는 예수가 십자가에 못 박히는 광경이 프레스코화로 표현되어 있다. 이 수도원 식당의 한쪽 벽면에는 〈최후의 만찬〉이, 반대쪽 벽면에는 십자가에 못 박히는 예수가 벽화로 그려져 있다. 예수 고난의 시작과 끝이 벽의 양쪽에 표현된 셈이다. 누구든 이곳에 들어온 사람들은 예수의 고난을 생각하라고 말하는 듯하다.

프레스코화 십자가에 못 박히는 예수는 다빈치와 같은 시대에 활동하던 조반니 몬토르파노1440~1502의 작품이다. 언뜻 보아도 이 벽화는 〈최후의 만찬〉보다 더 크고 보존 상태도 거의 완벽하다. 그러나 이 그림을 아는 사람은 거의 없다. 다빈치의 벽화를 보기 위하여 이 방에 입장료를 내고 들어오는 사람들 중에도 이 그림에 주의를 기울이는 사람은 거의 없다. 다빈치의 〈최후의 만찬〉은 빛이 바래고 보존 상태도 나쁘지만 인류를 대표하는 걸작이 된 반면, 몬토르파노의 작품은 완벽한 상태임에도 불구하고 잊혀진 이유는 무엇일까?

몬토르파노의 작품은 이전처럼 중세 성화의 기법을 답습하고 있다. 등장인물들이 모두 작게 표현되어 있다. 인물의 표정도 특징이

◆
다빈치의 〈최후의 만찬〉 맞은편 벽에 그려진 몬토르파노의 프레스코화 〈십자가 예수〉
중세화의 기법을 고수한 작품이다.

거의 없다. 무표정한 로마병사들 앞에서 예수의 죽음에 슬퍼하는 마리아의 머리 위에는 후광이 있다. 그 앞에 예수의 제자인 듯한 인물들이 다수 보인다. 모두 머리 위에 후광이 떠 있다. 십자가에 못 박힌 예수 위로는 천사들이 나타나고 있다. 그 옆에 있는 도적 위로는 악마가 나타난다. 기독교 초기였다면 이 그림이 신도들에게 하나님에 대한 두려움과 감동을 주었을지도 모른다.

그러나 다빈치가 〈최후의 만찬〉을 그릴 때는 유럽은 혁명적으로 변화하는 르네상스 시대가 펼쳐지고 있었다. 인류가 근대 과학에 본격적으로 눈을 뜨기 시작하고 종교개혁 운동도 불붙기 시작하였다. 도시국가들끼리 벌이는 전쟁을 통해 돈을 벌려는 용병들도 많았다. 다빈치가 밀라노에 초청되어 온 것도 화가로서의 자격이 아니었다. 무기제작자 겸 엔지니어로 고용되었다. 다빈치가 화가인 동시에 천재 과학자였다는 사실이 르네상스의 중요한 본질 중의 하나라고 생각한다. 시대가 변했고 사람들도 변했다. 과학을 통해 진실을 발견하고 자본주의에 눈뜬 개인의 각성이 시작된 때에 몬토르파노의 중세 스타일 벽화는 구닥다리 그림이라는 평가를 받았을 것이다.

반면에 다빈치의 〈최후의 만찬〉에는 천사나 머리 위의 후광 같은 비현실적인 상징 장치는 거의 없다. 예수나 12사도나 모두 인간적인 특징이 가득하다. 현실 속에서 살아 움직이는 인간의 모습이다. 모두들 인간의 감정을 드러내는 표정이다. 예수는 긴 수염을 기른 로마 황제의 모습이 아니다. 짧은 수염의 젊은 30대 청년의 모습이다. 좌우의 12사도들도 모두 각자의 감정을 표현하고 있다. 머리 위에는 신성함을 표현하는 장치인 후광도, 천사도 없다. 젊디젊은 사람의 아들들이 모여 사랑으로 세상을 구원하겠다는 거사를 도모하고 있다.

그러다 배신자가 있다는 청천벽력 같은 소식을 듣고 반신반의하며 놀라는 중이다. 놀라는 동작과 표정들도 개인적인 특성을 반영하였다. 다빈치는 분명히 심리학을 연구했을 것이다. 예수와 12사도가 이처럼 분명한 인간의 모습으로 그려진 벽화는 당시로서는 사람들에게 혁명적인 충격을 주었을 것이다.

기술적인 측면에서도 맞은편 벽화와의 차이가 크다. 결정적인 것은 원근법의 활용이다. 원근법은 르네상스의 산물이다. 다빈치는 당대 최고의 과학자였다. 해부학에서 무기제작, 기계설계는 물론 헬리콥터와 글라이더 등의 구상도를 남겼다. 〈최후의 만찬〉에서는 당시 최첨단기술이었던 원근법을 사용하여 그림을 리얼하게 만들었다. 오늘날 IT분야에서 일어난 2D에서 3D로의 발전이라고 비유할 수도 있지 않을까? 원근법으로 그린 그림은 이전의 그림들보다 리얼하므로 관람객들로 하여금 그림 속에 있다는 느낌을 갖게 한다. 〈최후의 만찬〉이 완성된 직후에 감상한 사람들은 만찬장에 함께 있는 듯한 현실감을 갖게 되었을 것이다.

다빈치가 〈최후의 만찬〉을 이처럼 리얼하게 그린 이유는 무엇일까? 첨단기법을 활용해 보려는 화가로서의 욕심이었을 수도 있다. 하지만 나는 〈최후의 만찬〉을 보면서 르네상스에 들어서면서 인간의 본성이 크게 달라졌다고 확신하게 되었다. 그 원인으로는 인간성에 대한 자각과 존중, 과학의 발전, 자본주의의 태동, 전쟁 등 다양한 원인이 있을 수 있다.

사람들은 예수와 12사도들은 어떤 모습이었을까 하고 궁금해 하게 되었다. 예술가들은 이러한 대중의 궁금증을 풀어주어야 명성을 유지할 수 있다. 다빈치는 날개 달린 아기천사보다는 누구나 수긍할 수 있는 새로운 과학적 진실에 기반한 리얼리티로 대중의 궁금증에 답한 것은 아닐까.

다빈치는 관람객들을 3D로 그린 진짜 같은 최후의 만찬장으로 초대하여 예수와 12사도와 함께 식사를 하도록 하였다. 그리고 성경에 나오는 스토리를 쉽게 떠올리고 생각해 볼 수 있게 만들었다. 다빈치의 선구적 시도가 시대의 변화를 반영하고, 동시에 새로운 시대를 열어간 것만은 틀림없다.

다빈치 시대와 5백여 년이 지난 지금을 비교한다면 인간성이 또한 엄청나게 변화하였을 것이다. 과학의 발전은 말할 것도 없다. 나는 아내와 함께 스마트폰 하나 들고 이탈리아 밀라노를 여행하고 있다. 이탈리아말은 한 마디도 모르지만 구글맵을 철석같이 믿고 다닌다. 주머니에 돈은 없어도 신용카드 한 장이면 된다. 르네상스 시대에 비하면 현대 인간의 본성은 또 어떻게 변했을까. 이런 생각을 하다 보니 한국에서도 수십 년 전의 한국인과 지금의 한국인의 본성도 혁명적으로 달라졌다는 생각도 하게 되었다. 인간성이 변화한다면 세대

간의 갈등이나 사회적 갈등도 필연적으로 발생하게 된다.

〈최후의 만찬〉 감상 제한 시간은 15분이다. 기다리는 관람객들을 위하여 15분이 지나면 퇴장해야 한다. 우리는 많은 아쉬움을 남기고 〈최후의 만찬〉을 뒤로 할 수밖에 없었다.

다빈치의 작품을 보고 나와 산타 마리아 델레 그라치에 성당으로 들어갔다. 1490년 완공되어 밀라노의 지배자인 스포르차 가문의 성당으로 사용되었다고 한다. 안팎이 뛰어난 설계로 유네스코 문화유산이다. 그런데 다빈치의 〈최후의 만찬〉을 보면서 온갖 생각을 하느라 진이 빠져서인지 그다지 눈에 들어오는 것들이 없었다. 아내와 함께 잠시 신도석에 앉아 쉬다가 밖으로 나왔다. 아내에게 〈최후의 만찬〉을 본 감상을 물었다.

"밀라노에 오길 잘했어요."

"그렇죠?"

"그림이 말끔하고 화려한 것보다 빛바랜 상태로 있으니까 더 신비스러운 것 같아요."

아내의 말이 맞았다. 다빈치의 〈최후의 만찬〉은 약간 어둑어둑한 실내의 한쪽 벽을 차지하고 있다. 그림 자체가 흐릿하다. 카메라를 줌업하여 촬영하여도 인물들의 윤곽이나 표정은 희미하다. 그런데 전체적으로 각 인물들의 표정이나 행동을 비교하면 커다란 개성이 드러난다. 아내의 말 덕분에 참으로 신비한 그림이라는 생각이 다시 들었다.

산타 마리아 델레 그라치에 성당
자비의 성모 마리아 성당이라는 의미이다.
붉은 벽돌과 둥근 형태가 친밀한 느낌을 준다.

산타 마리아 델레 그라치에 성당은 외관이 아름답다. 석조로 된 성당들은 왠지 압도적인 느낌을 주지만 붉은 벽돌 건물은 따뜻하고 친숙하게 다가온다.

다음 장소로 이동하려 구글맵을 켜보는데 스마트폰에 갈아 끼운 유심칩이 터지지 않는다. 여기서 구글맵을 볼 수 없으면 물어물어 길을 찾아야 한다. 이탈리아 사람들이 관광객들에게 그리 친절하지 않다. 물어보려면 여성들에게 물어보는 게 유리하다. 영어가 잘 통하지 않는 것도 난점이다. 길가에 와이파이코드가 적힌 카페를 발견하였다. 커피를 한 잔 마시고 와이파이통신을 이용하여 구글맵을 들여다보고 겨우 위치를 파악할 수 있었다. 가까이 있는 찾기 쉬운 장소인 스포르체스코 성으로 걸어서 가기로 하였다.

스포르체스코 성

스포르체스코 성은 밀라노를 지배하던 스포르차 가문의 근거지였다. 지금은 한가운데에 넓은 공원이 자리 잡고 있다. 한켠에서는 음식도 팔고 있다. 성 안 박물관에서는 다빈치의 업적과 관련된 전시회도 하고 있었다. 피렌체 출신인 다빈치가 밀라노에서 활동하게 된 이유는 바로 루도비코 스포르차 공작1452~1508 덕분이었다.

루도비코는 밀라노의 르네상스를 이끌었던 뛰어난 인물이다. 그가 다빈치를 밀라노로 초청한 목적은 무기 개발에 도움을 얻기 위해서였다. 나중에 〈최후의 만찬〉을 그리게 하였다. 루도비코는 유명한 밀라노의 두오모도 건설하였으며, 밀라노 산업의 중흥을 이룩하였지만, 용병을 이용한 철권 독재로 비난을 받았다. 고율의 세금도 민심 이반의 원인이 되었다.

로마 교황과 나폴리가 연합하여 밀라노를 위협하자 루도비코는 프랑스를 끌어들였다. 오랑캐로 오랑캐를 견제한다는 이이제이以夷制夷 전략과 비슷하다. 그러나 이 때문에 몰락하게 된다. 먼저 나폴리를 정복한 프랑스가 밀라노를 지배하려 들자 루도비코는 크게 후회하였다. 그는 프랑스와 전쟁을 벌인 끝에 포로로 잡혀 프랑스의 지하감옥에서 비참하게 사망하였다.

루도비코는 경제나 문화적으로는 뛰어난 군주였지만 외세를 끌어들여 안보를 유지하려다 패망하였다. 정치사상가 마키아벨리 1469~1527는 《군주론》에서 루도비코가 "국방 조직에 대하여는 약점을 지니고 있었으며, 국민들의 증오심을 불러일으켰다."고 평가하였다. 마키아벨리는 "전쟁 능력을 무시하면 필연적으로 나라를 잃게 된다."며 "군주가 전투력 있는 군대를 유지해야 한다."고 강조하였다.

"국가를 지킬 수 있는 유일한 방법은 군주의 행동과 능력일 뿐이다. 예측 불가능한 행운에 기대하며 국방을 할 수는 없다. 루도비코는 필연적으로 전쟁이 일어나자 무력하게 되었다. 오로지 국민들이

◆
스포르체스코 성은 지금은 일부만 남아 있다.
성 내부는 박물관과 공원 등으로 사용되고 있다.

지켜줄 것이라는 희망에만 의지하여 국민들의 독립심과 역량을 드높이는 데 필요한 조치를 취하지 못하였다. 국민들의 지지도 중요하지만 군주는 무릇 자신의 능력과 행동으로 체제를 유지하여야 한다.”

저승에서 루도비코가 마키아벨리의 이러한 지적을 들을 수 있었다면 크게 뉘우쳤을까. 루도비코 시대까지도 이탈리아에서는 여러 도시국가들이 용병을 이용하여 국방을 유지하였다. 반면에 프랑스에서는 이미 전제주의 왕정이 확립되어 대규모의 군대를 동원할 수 있었다. 밀라노라는 하나의 도시국가가 프랑스 군대를 상대하는 것은 애초에 불가능한 일이었다. 루도비코에 대한 마키아벨리의 비판도 여러 도시국가로 분열되어 갈등을 거듭하던 이탈리아의 현실을 고려한다면 지나친 감이 없지 않다.

스포르체스코 성 내부의 박물관에는 오래된 조각상들이나 유물들이 전시되어 있다. 정교한 자수로 만든 커다란 태피스트리가 인상적이다. 현재 스포르체스코 성의 성벽은 일부만 남아 있다. 아름다운 성문 앞에는 멋진 분수대와 함께 이탈리아 통일의 주역인 지우세페 가리발디1807~1882의 기마상이 설치되어 있다.

분수대에 앉아 잠시 스마트폰과 씨름하는데 흑인들이 몰려든다. 실을 가지고 팔찌를 하라고 난리들이다. 커다란 키의 흑인들이 한 가닥 실을 팔고 다니는 아이러니가 처량함을 더한다. 저 사람들로 하여금 모국을 떠나 이탈리아에서 가느다란 실 한 가닥에 생존을 걸게 만들고 있는 가난과 폭정은 얼마나 무서운가?

스포르체스코 성문 앞의 가리발디 기마상
이탈리아 대부분의 도시 중심가에는
통일을 주도한 지도자들의 동상이나 기념물들이 설치되어 있다.

마침내 구글맵이 작동되었다. 로밍에 동의하니 스마트폰이 터지기 시작하였다. 구글맵을 이용하여 브레라 미술관을 찾았다.

브레라 미술관

브레라 미술관은 원래 수도원이었다. 17세기부터 미술학교와 전시관으로 사용되고 있다. 지금도 1층에는 미술학교가 들어서 있다. 브레라 미술관 입구에 들어서면 정원 한가운데를 차지하고 있는 커다란 청동 나신상이 눈길을 끈다. 좌대에 N자가 커다랗게 박혀 있다. 설마 나폴레옹? 하고 의심하며 바라보는데 진짜 나폴레옹 상이다. 유럽을 정복한 프랑스의 보나파르트 나폴레옹의 청동상이다. 오른손 손바닥 위에서는 승리의 여신 나이키가 날개를 펴고 있다. 왼손으로는 길다란 지휘봉을 잡고 있다. 로마 신화에 나오는 전쟁의 신으로 분장한 나폴레옹의 모습이다.

이와 똑 같은 동상은 1806년 나폴레옹의 요청으로 이탈리아의 조각가 안토니오 카노바가 대리석으로 만들었다. 나폴레옹은 이 작품이 신체를 너무 적나라하게 조각했다며 수령을 거부하였다. 어느 부분이 나폴레옹의 마음에 들지 않았을지 찾아보았다. 얼굴일까, 아니면 그곳? 하지만 그곳은 지금은 나뭇잎으로 변해 있다. 보수적인 사람들이 예술품을 학대한 결과이다. 브레라 미술관의 나폴레옹 청동

브레라 미술관의 나폴레옹 청동상

상은 1811년에 만든 복제품이다. 로마의 산탄젤로 성에 있던 대포를 녹여서 만들었다고 한다.

　미술관에 가면 많은 작품들이 전시되어 있다. 하나하나 감상하자면 적지 않은 시간이 걸린다. 그림들 앞을 지나가면서 대충 살피게 된다. 서울 인사동 전시관에 가면 입구에 서서 한번 죽 실내를 훑어보고 나가는 사람들도 있다. 해외여행 가서도 절대로 미술관이나 박물관에 들르지 않는 사람들도 있다. 전시관에 들어가서 이것저것 감상하다가 시간을 보내느니 한 군데라도 더 찾아가 보는 것이 이득이라고 판단하기 때문이다. 볼만하거나 기억에 남을만한 것들이 별로 없다는 이야기들도 많이 한다. 사실 그림 앞에서 오랜 시간 감상하는 습성을 키우기는 쉽지 않다. 한 작품 앞에서 한 나절을 들여다보며 감상하는 사람들을 보면 놀라울 따름이다.

　이번에 브레라 미술관을 힘들게 찾은 것도 사실은 다빈치의 〈최후의 만찬〉 표에 끼워서 판 패키지를 구입한 때문이었다. 그렇지 않았으면 다리도 아프고, 구글맵도 안 터지는데 그림 감상하겠다고 여기까지 걸어왔을지는 의문이다. 어차피 입장료 아까워서 찾은 미술관인데, 두오모를 가려면 빨리 보고 나가야 한다. 그런데 전시된 작품들이 너무 많았다. 유명 작품들만 보고 나가자는 아내의 말대로 사

람들이 몰려 있거나 이름을 알만한 화가들의 작품 앞에 서서 잠시
보고 가기로 하였다.

베네치아의 젠틸레 벨리니1432~1507와 조반니 벨리니1430~1516 형제
가 그린 작품 〈성 마르코〉가 가장 먼저 눈길을 끌었다. 성 마르코가
알렉산드리아에서 설교하는 모습을 그린 16세기 초의 작품이다. 그
림 안에서 성 마르코는 왼편의 연단에 올라가 있다. 성직자들은 그
에 대해 존경을 표하고 있다. 반면에 이슬람교도들은 뒷짐 지고 바라
보고 있다. 그런가 하면 배경에는 성당 뒤에 이집트의 오벨리스크도
있고, 이슬람 모스크에 있는 첨탑 미나렛도 있다. 아프리카 초원에서
잡아온 기린도 보인다. 젠틸레 벨리니는 동로마제국을 무너뜨린 오스
만 터키로 가서 정복자 술탄 메흐메트 2세의 초상화를 그린 사람이
다. 술탄의 초상화를 그리기 위하여 나중에 이스탄불이 된 콘스탄티
노플에 갔을 때 이슬람과 이국적인 풍물과 접하게 되었을 것이다. 성
마르코는 베네치아의 수호성인이다. 기독교의 성인을 그리면서 기독
교 입장에서는 불신자인 이슬람교도들을 정상적이고 대등한 인간으
로 그린 것이 이채롭다. 놀라운 공존의 자세이다.

◆
벨리니 형제의 작품 〈성 마르코〉
성 마르코가 설교하는 모습을 그린 작품이다.
당시의 다양한 문명의 모습들이 파노라마 식으로 표현되어 있다.

◆
루벤스가 그린 〈최후의 만찬〉
유다 발 밑에서 뼈다귀를 물고 있는 개는 유다의 세속적인 욕망을 상징하는 듯하다.

네덜란드의 화가 루벤스1577~1640가 그린 〈최후의 만찬〉도 재미있다. 〈최후의 만찬〉은 다빈치뿐만 아니라 많은 서양화가들이 즐겨 다룬 주제이다. 이탈리아의 여러 성당에 다양한 〈최후의 만찬〉들이 걸려 있다. 〈최후의 만찬〉에서 중요한 포인트는 예수를 팔아넘긴 유다를 어떻게 다루느냐의 문제인 것 같다. 루벤스가 그린 〈최후의 만찬〉을 보면 예수와 유다가 극명하게 대조를 이루고 있다. 중앙에 위치한 예수의 얼굴은 후광으로 밝게 빛난다. 예수는 붉은 옷, 유다는 푸른색 옷을 입고 있다. 〈최후의 만찬〉을 상징하듯 예수는 빵을 들고 있으며, 식탁 위에는 포도주가 담긴 잔이 놓여 있다. 예수를 중심으로 좌우에 각각 6명의 제자들이 자리 잡고 있다. 다른 제자들이 모두 예수를 바라보고 있다. 그러나 유다는 예수를 바라보지 못하고 외면하고 있다. 관람객들을 향한 그의 눈초리는 불안감과 비굴함으로 가득하다. 유다의 발 밑에는 개 한 마리가 앉아 뼈다귀를 물어뜯고 있다. 먹이를 물고 있는 개의 눈초리가 사납다. 유다의 세속적 욕망을 상징하는 듯하다.

◆
카라바조의 〈엠마오에서의 저녁 식사〉
빛과 어둠의 강렬한 대조를 통해 부활한 예수가 제자 2명을 만나 축복을 내리는 순간을 사실적으로 표현하고 있다.
카라바조의 그림들을 만날 수 있었던 것은 이번 여행의 큰 축복이었다.

카라바조의 〈엠마오에서의 저녁식사〉

  브레라 미술관에서 유명 작품들을 잠시 동안 주마간산 격으로 바라보며 스치듯이 지나가던 나의 발걸음을 갑자기 얼어붙게 만든 작품이 있었다. 바로 카라바조1571~1610의 〈엠마오에서의 저녁식사〉였다. 부활한 예수가 엠마오에서 두 제자 베드로와 바돌로메를 만나 함께 길을 가다 날이 저물어 유숙하며 저녁식사를 하는 광경(누가복음) 24장13~31절을 표현한 그림이다. 카라바조는 예수가 아주 잠깐 모습을 드러낸 순간을 형상화하였다. 이 그림은 당시로서는 신성모독이었다. 예수의 부활한 모습은 제자들에게 보이지 않았다. 예수는 자신의 모습이 드러나는 것을 원치 않았는데, 카라바조 때문에 영원히 상상도가 남게 된 셈이다.

  그림에서 눈길을 확 끌어당긴 것은 강렬한 빛과 어둠의 대조였다. 사진이 빛을 잡아내는 예술이라고 한다. 카라바조의 그림도 마치 사진처럼 순간적으로 빛을 잡아낸 듯하였다. 빛과 그림자를 통해 인물들이 동작을 일으키는 어느 순간을 담고 있다. 캔버스의 많은 부분은 검은색으로 칠해져 있다. 인물 얼굴의 빛을 받는 부분만 환하게 빛을 발하고 있다. 빛과 그림자의 대조를 통해 인물은 입체적으로 드러나며 생명력을 얻고 있다. 빛을 그리는 색깔의 물감이 별도로 있을 리 만무하다. 흰색과 노란색 물감을 혼합했을 뿐일 텐데 어떻게 이토록 완벽하게 빛을 표현할 수 있을까?

인물들의 옷에 나타난 주름과 그림자는 모두 사실주의의 디테일을 구성하고 있다. 오른편에 자리 잡은 제자의 소매는 수직으로 떨어지지 않고, 마치 팔이 방금 아래에서 들려 올려진 듯 비스듬하게 치켜 올려진 각도를 형성하고 있다. 놀라서 자리에서 막 일어나려는 순간의 동작이다. 매우 정밀하게 계산된 사실주의 그 자체이다. 동영상의 한 순간을 잡아낸 것 같다.

그림 속 부활한 예수의 얼굴도 너무나 평범해 보인다. 제자들도 알아보지 못할 정도로 평범한 모습이어야 하지만 예수의 평범한 외모는 일반인들에게 놀라움을 선사하기에 충분하다. 예수의 옷도 너무나 평범하다. 부활한 예수와 제자는 환희에 들뜬 표정도 아니다. 오히려 긴장감이 흐른다. 예수는 앞으로 제자에 닥칠 참혹한 순교를 예상하는 듯 거룩한 표정으로 축복을 내린다. 제자는 예수의 부활을 증거하느라 앞으로 자신이 감당해야 할 고난을 예감하는 듯 긴장된 표정이다. 부활한 예수를 알아보지 못한 식당 주인인 듯한 사람은 옆에 서서 아무렇지 않다는 지극히 무덤덤한 표정으로 예수를 내려다보고 있다. 축복을 내리는 예수를 보면서 "이 젊은이는 지금 뭘 하는 거지?" 하고 궁금해 하는 듯한 표정이다. 식당 주인 같은 평범한 사람이 예수보다 위에서 예수를 내려다보는 구도도 이전에는 상상하기 어려웠을 것이다.

몇 시간 전에 감상한 다빈치의 〈최후의 만찬〉에서도 예수는 더 이상 제왕의 얼굴이 아니었다. 로마 황제 같은 수염도 사라졌고, 축복을 상징하는 천사들도 없었지만, 예수는 벽화 한가운데 삼각형 형태로 자리 잡고 중심을 구성하였다. 그런데 카라바조가 그린 〈엠마오에서의 저녁식사〉에서 예수는 아예 캔버스의 중심을 차지하지도 않고 있다. 유일하게 얼굴 정면을 빛을 받은 듯 환하게 그림으로써 관람객들의 시야를 집중시킨다.

카라바조의 이 그림은 다빈치의 〈최후의 만찬〉보다 1백 년 뒤에 완성되었다. 그 1백 년 사이에 인간성은 또 어떻게 변했길래 이처럼 예수는 또 보통 사람의 모습으로 캔버스에 나타나게 되었을까? 사람들은 보통 사람의 모습을 한 친근한 예수를 보고 싶어하게 되었을까?

카라바조는 밀라노 출신으로 20세 때 로마로 가서 화가로 활동하기 시작하였다. 로마에서 최고의 화가로 평가받으며 성공을 거둔 뒤에도 폭력적인 성향으로 잦은 문제를 일으켰다. 1606년에는 살인 혐의로 쫓기게 되자 로마를 탈출하여 나폴리, 시실리, 몰타 등 남부지방으로 도피하면서 작품을 남겼다. 그는 몰타에서 탈출하여 다시 로마로 향하던 중 1610년 사망하였다. 카라바조는 명암明暗의 강렬한 대조와 사실주의적 화풍으로 바로크 시대를 연 인물로 평가되고 있다. 나아가서는 현대 회화의 창시자로까지 평가된다.

카라바조는 〈엠마오에서의 저녁식사〉를 두 차례 그렸다. 영국 런던의 국립미술관에 소장되어 있는 1601년 작품이 국제적으로는 더 유명하다. 이곳 브레라 미술관의 〈엠마오에서의 저녁식사〉는 1606년

◆
다빈치 기념비
다빈치 상 아래에는 제자들의 동상이 함께 설치되어 있다.

작품이다. 등장인물들의 구도나 표정 등이 비슷하다. 5년 전 작품보다 옷의 색깔이 어두워졌고 식단도 간소하다. 어쨌든 빛과 어둠을 극명하게 대비시켜 인물에 사실성을 부여한 기법은 놀랍기만 하다. 마치 카라바조만이 빛을 표현하는 물감을 비장하고 있었던 것은 아닐까 하는 생각이 들 정도였다. 작가의 혼이 담긴 듯한 그림이고 기법이다.

카라바조의 작품에 워낙 강렬하게 끌렸기 때문인지 나는 이후 이탈리아의 각 도시를 여행하면서 가급적 카라바조의 작품을 찾아갔다. 그의 작품을 볼 때마다 작품에 담긴 예술혼을 느끼며 감동을 간직할 수 있었다. 축복이었다.

브레라 미술관에서 두오모로 가는 도중에 스칼라 광장을 지나게 된다. 세계 3대 오페라 극장으로 평가되는 라 스칼라 극장 앞 광장이다. 이곳에는 19세기 말에 다빈치 기념비가 설치되었다. 다빈치와 그 제자들을 담은 조각상이다. 다빈치의 상은 가운데 '레오나르도'라고 새겨진 단 위에 있다. 다빈치는 굉장한 미남이었다고 한다. 다빈치가 어떻게 생겼는지 19세기에 알 수는 없었겠지만, 아름다운 남성의 얼굴로 조각하려 했을 것이다. 다빈치 상 아래 네 명의 제자들 조각상이 있다. 소년이나 다름없는 앳된 얼굴들이다.

밀라노 두오모
이탈리아의 대표적인 고딕식 건축물로
첨탑이 3천 개나 설치되어 있다.

밀라노 두오모

밀라노의 제1 명물이라면 누가 뭐래도 순백의 거대한 두오모이다. 직접 마주 보니 한마디로 장엄하다. 음악에 비유하자면 온갖 악기가 모두 동원된 초대형 심포니, 영화에 비유하자면 아주 많은 제작비가 투입된 그랜드 스케일의 블록버스터이다.

밀라노의 두오모는 순수함을 상징하는 듯한 눈부신 순백색과 하늘 높이 치솟은 수천 개의 뾰족탑들로 유명하다. 사람들이 흔히 '두오모' 하면 떠올리는 피렌체 두오모의 커다랗고 둥근 붉은색 돔 지붕과는 영 다르다. 뾰족탑들이 가득한 밀라노의 두오모는 북부 유럽 양식이다.

뾰족탑은 천국을 지향하는 기독교적 상징이다. 밀라노 두오모에는 뾰족탑들이 무려 3천 개나 설치되어 있다. 그 많은 뾰족탑들로 인해 멀리서 보면 성당은 푸근함보다는 어떤 긴장감을 선사한다. 크기도 엄청나다. 가로 160m, 세로 92m, 높이가 108m이다. 대리석으로 된 외벽의 순백색도 순수함을 완벽하게 추구하여 이 세상과는 유리된 느낌이다. 로마가톨릭에서 말하는 죄로 가득한 외부 세계와는 처절하리만치 고고하게 단절된 듯한 건축물이다.

현재 밀라노는 이탈리아에서 가장 잘 사는 지역으로 경제의 수도이다. 조금만 다녀 보면 가까이에 멋진 디자인의 고층빌딩들이 눈에

두오모의 지붕 위로 올라가면 하늘 높이 솟은 첨탑과
그 위에 설치된 성인의 모습들을 조금 더 가까이에서 감상할 수 있다.

들어온다. 그럼에도 불구하고 이 두오모는 어마어마한 스케일로 사람들을 압도한다. 그러니 건축이 시작된 1386년 당시에는 사람들이 성당의 스케일을 두고 얼마나 놀랐을지는 상상하기 어렵지 않다.

밀라노 두오모는 600년 이상 건축이 진행되었다. 성당의 본체는 16세기 루도비코 스포르차 공작 시대에 완성되었다. 성당의 외관이나 창문 등의 각종 구조물 공사는 그 이후에도 무수한 권력자들과 건축가들의 손을 거치며 끊임없이 진행되었다. 19세기에는 이 성당에서 이탈리아 왕으로 추대된 나폴레옹도 건축에 관여하였다. 성당의 상징이 된 첨탑들 위에는 성경에 나오는 주요 인물들과 수많은 성인들 조각상들이 설치되어 있다. 나폴레옹의 모습을 한 것도 있다고 한다. 가장 높은 108m 높이의 첨탑에는 황금으로 된 성모 마리아의 동상이 설치되어 있다.

이 성당은 입장료를 내면 리프트를 타거나 걸어서 지붕으로 올라갈 수 있다. 지붕 위에서 첨탑 위에 세워진 성인들의 조각상들을 감상할 수 있다. 조각상들이 첨탑 꼭대기에 붙어 있는 광경이 가까이서 보면 오금이 저릴 정도로 아슬아슬하다. 이 많은 조각상들을 첨탑 꼭대기에 촘촘히 설치하려면 요즘에도 매우 난이도가 높은 작업일 텐데 어떻게 해냈을까 하는 궁금증도 든다. 신앙심과 심미주의적인 집요함이 없으면 불가능했을 것이다.

지붕에서는 멀리 있는 신식 고층건물들도 눈에 들어온다. 성당 본체가 완성된 16세기로 돌아갔다고 상상해 본다. 지붕에서 내려다보

◆
두오모 안에 있는 성 바돌로메 석상
바돌로메 성인은 선교활동을 하다 붙잡혀 피부가 벗겨지는 참형을 당해 순교하였다.
이 석상은 성 바돌로메가 자신의 벗겨진 피부를 두르고 있는 모습이다.

면 사람들은 손톱만하게 보이고, 주위에는 높은 건물들도 없다. 세상 모든 것을 굽어볼 수 있는 유일한 장소가 성당이다. 세상 유일권력으로 군림하던 로마가톨릭의 상징물로 손색없는 건축물이다.

성당 안으로 들어가면 성당의 지붕이나 외관에 비하면 내부는 의외로 단조롭다. 출구 근처에 바돌로메 성인의 대리석상이 자리 잡고 있다. 예수의 12사도 중의 한 사람인 바돌로메 성인은 소아시아 지방에서 선교활동을 하다가 붙잡혀 피부가 벗겨지는 참혹한 형을 당하며 순교했다고 전해진다. 조각상도 바돌로메 성인이 사실적으로 표현된 근육 위에 벗겨진 자신의 피부를 두르고 있는 모습이다.

성당의 거대한 청동문에도 예수의 일생을 표현한 부조가 제작되어 있지만 뚜렷한 특색은 없다. 지붕의 구조물이나 조각, 수많은 첨탑과 조각상들도 돌이켜보면 무한 반복이라는 생각이 든다. 뚜렷한 특징을 찾기는 어렵다. 외부에 드러나는 거대한 스케일이 가장 큰 특징이다. 음악에 비유하자면 모든 악기는 총동원되었지만 단조로운 곡조만 나오는 심포니랄까. 영화로 비유하자면 스케일로만 승부하는, 스토리라인이 미흡한 블록버스터 같다는 생각이 들었다. 이 성당이 오랫동안 여러 사람들의 손을 거쳐서 건축되었기 때문에 뚜렷한 개성을 찾기가 어려워졌는지도 모른다. 많은 건축가들이 관여했지만 누구나 책임지는 사람도, 이 성당 건축이 자기 작품이라고 생각한 사람도 없었을 것이다.

◆ 두오모의 벽면에는 훼손된 곳들이 적지 않다.
대규모의 보수작업도 끊임없이 진행되고 있기 때문에
이 성당은 영원히 완공되지 않을 것 같다는 생각이 들었다.

1층 외벽을 바라보다 한 부조의 얼굴이 절반 가량 깨어진 것을 보았다. 사람들이 곧 보수 작업을 할 것이다. 성당 외관을 조금만 자세히 들여다보면 손봐야 할 곳들을 아주 많이 발견할 수 있다. 성당은 완공되었다지만 지금도 곳곳에 크레인이 하늘 높이 설치되어 있고 인부들이 작업하고 있다. 작업으로 인한 소음이나 분진도 많다.

이탈리아에 '성당을 건축하는 것 같다'는 말이 있다고 한다. 일의 진행이 매우 더디고 언제 끝날지 아무도 모를 경우에 쓰는 말이다. 밀라노 두오모 건축에 딱 어울리는 말이 아닐까 한다. 밀라노 두오모에 세워진 크레인들을 보면 이 성당은 영원히 완공되지 않을지도 모른다는 생각이 든다. 이 성당을 바라보는 밀라노 사람들의 마음속에는 6백 년 동안 성당 건물을 완공했다는 자부심과 아직도 완성을 위해서는 뭔가를 해야 한다는 부채의식이 교차할 것 같다.

사람의 인생도 마찬가지 아닐까. 나이가 들고 은퇴를 앞두게 되면 더 이상 할 수 있는 일이 없을 것 같다는 생각을 갖게 되지만, 삶의 완성을 위하여 나아가야 할 길은 아직 한참 남아 있다. 산다는 것은 언제 어떻게 끝나는지 도무지 알 수 없는 길을 나아가는 일이다. 하루하루가 완성을 향해 나아가는 길이다. 밀라노 두오모의 보수공사처럼 지난날의 실수를 반성하고 수습해 가면서 삶은 의미를 갖고 진정성을 회복하며 다시 새로워진다.

밀라노 두오모를 바라보니 성당은 완공된 것이 아니라 독자적인 생명력을 가지고 끊임없이 자라나고 있다는 생각이 들었다.

비토리오 에마누엘레 2세 갤러리

이탈리아는 1861년에 통일되었다. 국왕 비토리오 에마누엘레 2세1820~1878의 목표는 고대 로마의 영광을 재현하는 것이었다. 그는 자신의 이름을 딴 갤러리를 밀라노 두오모 바로 옆에 짓도록 하였다. 이 갤러리 안에는 현재 각종 최고급 명품 숍들이 들어서 있어 이탈리아 명품을 좋아하는 관광객들의 눈길을 끈다. 이 건축물은 근대 건축물의 명작으로도 대단히 좋은 평가를 받는다. 높이 자리한 유리 돔과 강철 지지대가 만들어 내는 기하학적 구조, 내부의 통로들과 광장 등을 찬찬히 보면 볼수록 아름다운 구조물이다. 천장 부근에는 4대륙을 상징하는 여신상 등이 모자이크로 되어 있다.

비토리오 에마누엘레 2세가 통일을 기념하는 이러한 멋진 구조물을 밀라노 두오모 바로 옆에 짓도록 한 것은 초대형 고딕식 두오모가 갖고 있는 압도적인 권위를 나누어 가지려는 의도도 있었을 것이다. 부근에는 오페라로 유명한 스칼라 극장도 있다.

밀라노 두오모에서 지하철을 타고 밀라노 중앙역에 내려 숙소로 돌아왔다. 숙소 부근에서 저녁으로 피자를 먹었다. 20대 중국인 여성이 카운터에서 돈을 받았다. 파스타나 피자 요리도 중국인들이 하는 식당도 많을 것이다. 밀라노의 명품 제작에도 값싼 중국인 노동력이 동원된다고 한다. 밀라노에는 차이나타운도 있다. 중국의 힘은 부자가 되고 싶어 하는 엄청나게 많은 가난한 인구에서 나온다.

비토리오 에마누엘레 갤러리 입구

비토리오 에마누엘레 2세 갤러리 내부
거대한 유리천장과 강철 지지대 등이 조화를 이루는 공간 구성이 미학적으로도 매우 뛰어나다.

숙소에 돌아와 너무 피곤하여 바로 자리에 누웠는데 아내가 갑자기 비명을 지른다. 다리에 쥐가 난다고 한다. 얼른 가서 만져보니 종아리 근육이 단단하게 굳어지고 있다. 두 손으로 한참을 주물러 주니 근육이 풀리기 시작하였다. 집에서 가져간 파스를 종아리와 발바닥에까지 붙여주고 다시 자리에 누웠다. 아닌 게 아니라 오늘 하루 동안 다빈치의 〈최후의 만찬〉이 있는 산타 마리아 델레 그라치에 성당, 스포르차 성, 브레라 미술관, 두오모, 비토리오 에마누엘레 2세 갤러리 등을 모두 쉬지 않고 걸어서 돌아보았다. 내 다리에도 쥐가 나기 시작하여 내 손으로 세게 주물러 풀었다. "이 여행을 계획대로 마칠 수 있을까?" 걱정하느라 제대로 잠을 잘 수가 없었다.

DAY 3

알프스의 호반 도시 코모

◆
코모 시내의 푸니쿨라레에서 내려다본 코모 전경
코모 호수와 도시, 그리고 저 멀리 눈 덮인 알프스가 한눈에 들어온다.

이탈리아를 여행하기 전에 숙소를 어디로 정할까를 두고 조금 고민했다. 공항 근처는 너무 외진 곳이 많다. 명승지 부근 숙소들은 기차를 이용할 때 불편하고 숙박료도 비싸다. 고민을 거듭하다 기차역 주변으로 정했다. 나는 이번 여행을 하면서 밀라노, 베네치아, 피렌체, 로마, 나폴리 등의 대도시를 기차로 이동하기로 일찌감치 정했다. 자동차 렌트도 생각해 보았지만 인터넷으로 관련 정보를 탐색하다 포기하였다. 가장 큰 이유는 자동차를 반납할 때 렌터카 회사 직원들이 배상을 요구하는 경우가 많다는 뉴스 때문이었다. 자동차를 반납할 때 이탈리아 렌터카 회사 직원들이 멀쩡한 자동차에 문제가 생겼다고 주장하는 이른바 'fake damage'로 인해 손해를 보았다는 글들이 많았다. 미국인들도 이에 관해 불만을 제기하는 글들이 온라인에 많았다. 여행을 많이 다니는 친구들은 이탈리아는 호텔이나 시내에 차를 세울 곳이 없으므로 차를 빌린다 해도 애물단지가 되기 쉽다고 알려주었다.

이탈리아 대도시들의 경우 중앙역 자체가 시내 한가운데에 위치한 경우가 많다. 웬만한 명소는 중앙역에서 걸어서 가도 된다. 어느 도시나 기차역에는 지하철이나 버스 등 대중교통도 연결되어 있다. 어디든 쉽게 찾아갈 수 있다. 그리고 이탈리아 기차 요금은 저렴하다. 이 때문에 나는 주요 도시 간의 이동은 열차로 하기로 쉽게 결정하였다. 아침 일찍 기차를 타려면 기차역 주변의 숙소가 가장 편리하다.

나는 대도시마다 인근에 있는 유명 관광지를 한 군데씩은 가보려고 하였다. '밀라노-코모', '피렌체-친퀘테레', '로마-티볼리', '나폴리-아말피' 하는 식이다. 대도시 주변의 이런 소도시들은 모두 기차를 이용하면 이동이 편리하다.

중앙역 부근이 치안이 좋지 않다는 말을 많이 들었기 때문에 걸어가는 거리가 길지 않도록 역에서 가까운 숙소를 잡았다. 그런데 이번에 가보니 이탈리아의 치안 상황이 계엄령이라도 내려진 듯 삼엄하였다. 중앙역들은 물론 가는 곳마다 군과 경찰이 함께 순찰하는 경우가 많았다. 군인들도 검문을 하면서 수상한 사람들을 수시로 연행하였다. 유명한 유적 부근에는 영락없이 군 병력이 장갑차를 배치하고 엄중한 경계를 펴고 있었다. 테러나 난민 문제가 심각한 상황이기 때문일 것이다. 이탈리아 군경의 삼엄한 경계 덕분에 단 한 차례의 사고도 없이 3주간의 여행을 마칠 수 있었다.

밀라노 주변의 호반 도시 코모는 예로부터 유럽에서 이름 높은 휴양지이다. 물이 맑고 깊은 빙하호수인 코모 호수의 주변에 생성된 도시이다. 풍광이 좋고, 여름에 선선하여 예전부터 미국과 유럽 부자들의 휴양지로 사랑받았다. 지금도 코모 호수 주변에는 미국의 인기스타 조지 클루니, 영국의 부호인 버진그룹의 리처드 브랜슨 회장 등의 별장이 있다. 호수 주변은 겨울이 되면 비가 잦고 안개에 덮이는 날이 많다. 눈 덮인 알프스와 그 아래의 넓고 푸르른 호수가 만들어 내는 풍광을 감상하려면 여름에 찾아야 한다. 코모 호수는 사람 인 자 모양의 호수이다. 코모에서 두물머리가 합쳐지는 벨라조까지 배를 타고 갔다 오는 것이 오늘의 목표이다.

나는 아내와 함께 아침 일찍 8시쯤 밀라노 중앙역에서 코모로 가는 기차를 탔다. 이러한 소도시 사이에는 역마다 정차하는 초록색 완행열차인 레조날레 기차가 다닌다. 좌석은 정해지지 않는다. 그냥 타고 편한 자리에 앉으면 된다. 당일 왕복권을 끊으면 아무 때나 탈 수 있다.

코모역에서 내리자마자 아내가 코트를 자리에 놓고 내렸다며 놀라 소리친다. 내가 다시 열차로 뛰어 들어가 앉았던 자리를 찾아 코트를 가지고 나왔다. 마침 앞좌석에 앉은 검은 얼굴의 사내가 표식이 되어 쉽게 앉았던 좌석을 찾을 수 있었다. 기차는 내가 내리자마자 바로 출발하였다. 아내는 내가 내리지 못한 상태에서 기차가 떠나는 것이 아닌가 해서 아주 잠깐 동안이지만 몹시 걱정했다고 한다. 워낙 겁 많은 아내인지라 온갖 공포를 떠올렸을 것이다. 길을 가면서 내가 얼마짜리 옷이냐고 물었다. 10만 원에 샀는데 지금 사려면 20만 원은 한단다. 내가 찾아준 덕에 값어치가 올라간 것 같다.

떠나는 기차에서 낡은 코트를 되찾아왔지만 아이러니컬하게도 삶이란 뭔가를 놓고 내리는 기차여행과 같다는 생각이 들었다. 뭐든지 하나라도 더 챙기며 가려고 하지만 결국 삶이란 젊음과 아름다움을 놓고 내려야만 하는 기차여행이 아닐까. 아무리 안타까워도 다시 찾아올 수가 없다. 종착역에 다다라서는 누구든 권력, 재산 등 그동안 챙긴 것들을 모두 놓고 내려야만 한다. 가진 것이 많을수록 내려놓기가 어렵겠지만 시간이 지나면 모두가 모든 것을 놓고 내려야만 한다. 아내의 주름진 얼굴에 가슴이 미어지기도 하지만 젊은 시절의 고운 얼굴을 무슨 수로 되찾아 준단 말인가. 되찾을 수 없는 시절이 아쉬워진다면 아름다운 추억을 생각하면서 달랠 수밖에 없다. 우리 모두 종착역에서는 벌거벗고 내리는 삶이라는 기차여행을 하고 있다는 생각을 하였다.

로마제국 시대부터 알려졌던 유서 깊은 휴양지 코모도 들여다보면 볼거리가 적지 않다. 우리는 벨라조까지 배를 타고 1일 관광을 할 뿐이므로 서둘러 호숫가로 향했다.

선착장 부근에 호수를 전망할 수 있는 높은 언덕으로 올라가는 푸니쿨라레가 있었다. 날씨가 쾌청한 때문인지 사람들이 많았다. 푸니쿨라레를 타고 언덕 위에 다다르자 눈이 시리도록 푸른 빛깔의 호수가 내려다보였다. 고개를 드니 저 멀리 만년설에 뒤덮인 알프스가 눈에 들어왔다. 게다가 하늘은 얼마나 파란색인지…. 파랑과 하양의 두 색깔이 코모 호수 위 허공에서 순수의 향연을 연출하고 있었다. 알프스의 만년설은 태고적부터 내려오는 원시와 영원의 순수이다. 내가 심호흡을 할 때 허파로 들어오는 공기에는 산소와 순수가 들어 있는 듯하였다. 코모 시내의 고색창연한 석조 건물들과 붉은 지붕들도 순수가 만든 공간에서 보니 더욱 아름다운 조화를 이루고 있었다.

우리는 푸니쿨라레를 타고 다시 내려와 벨라조로 향하는 배에 올랐다. 두물머리에 위치한 벨라조는 경관이 아름다운 마을이다. 벨라조에는 카페와 음식점, 깜찍하게 디자인된 어린이 옷 가게들이 많다. 가족 단위의 관광객들이나 노인 관광객에게 아이들 선물로 사가라고 하는 것 같다.

배를 타고 코모 호수를 지나면 호숫가 언덕에 띄엄띄엄 자리 잡은 마을들이 보인다. 마을들은 호수에서 산으로 이어진다. 멀리서 보면 바닷가의 마을들처럼 아름답다. 풍경이 아름답다고 역사조차도 아름답고 평안한 것들로만 채워진 것은 아니다. 이탈리아의 파시스트 독재자 베니토 무솔리니1883~1945가 코모의 한 마을에서 처형당했다. 1945년 4월 무솔리니는 2차 세계대전에서 패색이 짙어지자 코모를 거쳐 알프스를 넘어 중립국인 스위스로 달아나려 하였다. 미모의 정부 페타치도 함께 한 무솔리니 일행 15명은 벨라조 북쪽에 있는 호숫가 마을 동고에서 공산게릴라에 붙잡혀 모두 처형당했다.

4월이면 날씨가 한창 좋은 봄날이었을 것이다. 이들은 무솔리니

◆
벨라조 풍경
가까이는 푸르른 코모 호수, 멀리는 눈 덮인 알프스가 보인다.

일행의 사체를 밀라노 시내 로레토 광장에 거꾸로 매달았다. 무솔리니보다 28세나 어린 연인 페타치까지도 죽여서 광장에 매달았다. 보복에 눈이 먼 인간들이 연출한 잔혹극이었다. 무솔리니는 젊은 시절 사회주의자였으며 민족주의자인 가리발디의 열렬한 추종자였다. 무솔리니를 처형한 공산게릴라 조직의 이름은 가리발디여단이었다. 가리발디가 저승에서 보고 있었다면 무솔리니나 가리발디여단 모두에게 불벼락을 내리고 싶었을 것이다. 아니면 인간들의 악행에 자신의 이름이 도용되는 데 크게 후회하고 낙담하지 않았을까.

배를 타고 호수를 지나면서 보니 깎아지른 듯한 절벽에 호수를 조망하는 집들과 마을들이 있다. 집에서 호수를 내려다볼 때 뱃전에 있는 듯한 느낌을 가졌을 것 같다. 이탈리아 사람들은 조망만을 즐긴 것이 아니라 바다나 호수와 친근한 전통을 갖고 있는 듯하다. 배를 타고 오며 가며 여러 마을들을 들렀다. 하나같이 아름다운 경관의 휴양지들이다. 부유한 사람들이 소유한 호숫가의 빌라에는 아름답게 조성된 정원이 있다. 빙하호수의 차디찬 푸른 물, 알프스의 만년설, 푸른 하늘, 그리고 아름다운 석조 건물들이 연출하는 하나의 풍경화가 바로 코모였다.

이날 하루 배를 타느라 은근히 고생하였다. 아내가 이 여행을 온전히 다 할 수 있을지 묻는다. 저녁 때 코모에서 다시 기차를 타고 밀라노로 돌아왔다. 숙소 근처에 1957년 개업했다고 간판에 대문짝

만하게 적어놓은 아란치니 가게가 있었다. 아란치니는 시실리 요리이다. 주먹밥 안에 고기와 토마토, 햄과 치즈 등을 넣고 기름에 튀겨낸다. 두 개를 사서 숙소로 가져가 먹고 저녁식사로 때웠다.

DAY 4

베네치아의 추석달

베네치아의 대운하
베네치아는 인류가 건설한 도시 가운데 가장 창의적인 도시라고 할 수 있다.

밀라노에서 아침 일찍 기차를 타고 다음 목적지인 베네치아로 향했다. 이탈리아를 여행하는 동안 주요 도시 사이의 이동은 모두 기차로 하였다. 밀라노-베네치아, 베네치아-피렌체, 피렌체-로마, 로마-나폴리 등 4개 구간의 이동은 트렌이탈리아의 고속철 프레차로사를 이용하였다. 붉은색 열차인 프레차로사는 고급 고속열차로 우리나라의 KTX에 비교하면 적당하다.

나는 서울에서 인터넷으로 4개 구간을 모두 미리 예약하였다. 어떤 도시에서든 출발 시간은 오전 9시 전후로 정하였다. 나와 아내가 4개 구간의 표를 구매하였는데 커플 할인 50%를 적용받았다. 두 사람이 네 차례 프레차로사를 타는 데 든 비용은 220유로였다.

프레차로사는 인터넷으로 예약할 때 좌석이 모두 정해진다. 커플 좌석은 붙여준다. 좌석 위에 짐칸이 있는데 커다란 트렁크를 올려놓아도 된다. 이탈리아 기차여행은 차창 밖으로 전원풍경이나 먼 산에 드문드문 자리 잡은 고성古城을 감상할 수도 있어 좋다.

기차의 종착역은 베네치아 산타 루치아 역이다. 베네치아의 도로는 좁고, 오래된 포석들로 울퉁불퉁하다. 다리도 많고 항상 관광객들이 길을 메운다. 어디서나 그렇지만 베네치아를 여행할 때는 가급적 트렁크를 끌고 다니지 않는 것이 좋다.

베네치아의 첫날은 배를 타지 않고도 갈 수 있는 골목길을 돌아다니기로 하였다. 베네치아의 중심을 가르고 있는 S자 대운하의 이면 지역을 탐방하였다. 먼저 점심을 먹어야 했다. 얼마 전에 베네치아의 한 식당에서 일본인 관광객에게 스테이크를 팔고 1천만 원을 청구하여 바가지요금이 국제적인 화제가 되었다. 우리나라 인터넷에도 베네치아의 바가지요금 피해사례는 소매치기 이야기만큼이나 많이 나온다.

그런데 베네치아의 식당들도 문 밖에 메뉴와 요금을 적어놓고 있다. 이것만 보고 그대로 주문하면 실수할 일이 적을 것 같다. 마침 손님들이 많은 길거리 식당으로 자리를 잡았다. 아내가 베네치아의 명물인 오징어먹물 스파게티를 먹자고 하였다. 내가 오징어먹물을 영어로 힘들게 설명하려 하자 눈치빠른 웨이터가 웃으며 '블랙잉크 스파게티'라고 알려주었다. 맛은 좋았는데 다소 짭짤했다. 다른 지역보다 10유로는 비싼 것 같다. 점심을 먹고 천천히 걸어서 베네치아의 거리를 둘러보았다.

베네치아를 찾는 관광객은 1년에 2천만 명이나 된다. 세계 최대의 관광 도시답게 9월의 거리는 인파로 넘친다. 사람들이 이탈리아의 다른 곳은 제쳐 놓더라도 베네치아를 찾는 이유는 도시의 생성이나 생김새가 다른 도시들과는 워낙 다르기 때문일 것이다. 운하 도시, 물 위의 도시가 주는 낭만적인 분위기도 한몫한다.

나는 이번에 베네치아의 모습을 보고 조금은 실망하였다. 운하 주변이나 대로변 건물들의 1층은 대개는 선물 가게이거나 식당이다. 천박하고 초라하다는 인상을 주는 가게들이다. 값싼 옷가지들을 팔고 있는 많은 가게들, 조악한 색깔의 장난감들로 가득 찬 상점들, 거리에 좌석을 펼쳐놓은 식당들과 손님들을 부르는 종업원들…. 베네치아의 대로변은 동남아의 번잡한 시장통을 연상시켰다.

골목으로 들어가면 퇴락한 분위기가 역력하였다. 집집마다 담벼락은 파손되거나 허물어진 곳들이 많았다. 예전부터 베네치아는 미로 같은 골목길들로 악명이 높았다. 중세 때부터 이탈리아 다른 지역에서 정치범들이 많이 피신했다. 칼을 품은 자객들이 골목을 누비고 다니는 곳이 베네치아였다. 그러나 지금은 미로 같은 좁은 길들은 역사가 남긴 품격을 잃어버린 채 퀴퀴하고 평범한 뒷골목으로 변해가고 있다. 겨우 남은 곳들마저 식당과 젤라토 가게로 변하여 힘들게 관광객들을 끌어들이고 있다. 세계를 호령하던 무역상들은 흔적도 없고 이제는 인도인, 중국인, 아프리카인 점원들의 호객 소리만 요란하다.

리알토 다리

베네치아의 명물 리알토 다리는 최근에 청소를 한 듯 깨끗하다. 12세기에 만든 것인데 마치 최근에 시멘트로 빚어놓은 것처럼 말끔하다. 너무나 깔끔하여 이게 그 유명한 리알토 다리가 맞나 싶을 정도이다. 리알토 다리 주변도 핸드백이나 여성 의류들을 파는 상점들로 가득하다. 도대체 세계의 무역을 지배하며 최강의 제국을 건설한 베네치아의 흔적은 어디에서 찾아야 한단 말인가?

골목을 걷다보면 역사가 남긴 정취를 느낄 수 있는 동상이나 성당과 종탑들을 자주 볼 수 있다. 이곳은 땅덩어리가 좁기 때문에 건축물의 스케일이 다른 도시들에 비하여 작다. 수리도 잘 안 된 탓인지, 그늘에 덮인 때문인지 허름하기 짝이 없다. 그래도 역시 베네치아라고 느낄 수 있도록 만들어 주는 것은 물 위에 건설된 갖가지 형태의 다리들이다.

베네치아에는 4백 개의 다리가 있다. 짧은 다리도 있고 긴 다리도 있다. 모양도 모두 다르지만 지중해와 아드리아해로 이어지는 물 위의 부분 부분을 연결하고 있다. 베네치아 사람들은 1천 년 전부터 이러한 다리를 지어 육지를 연결하고, 배를 지어 멀리 동로마제국을 오가며 무역에 종사하였다. 베네치아 사람들은 집에서 아침에 일어나 문을 나서면 바로 바다이다. 가까운 친지의 집을 방문할 때에도 배를 타고 물을 건너야 한다. 이 사람들에게는 바다가 생활터전이었다. 날 때부

베네치아 명물 리알토 다리

12세기에 만들어졌지만 최근 보수를 끝내 말끔하다. 낮에는 셀카를 찍으려는 관광객들로 가득하다.

베네치아의 성당이나 종탑들은 규모도 작고 허름한 느낌을 준다.

베네치아의 골목길 곳곳에는
과거에 빗물을 저장하기 위해 사용되었던 빗물받이들이 자리 잡고 있다.

베네치아에는 물 위의 곳곳을 이어주는 다리가 4백 개나 있다.

터 바다에 친숙하고 배를 타는 데 익숙한 뱃사람들이었다. 베네치아
가 부자나라가 된 이유는 바로 바다를 친숙하게 여긴 때문이다.

　한낮에도 볕이 들지 않는 답답한 좁은 골목길을 지나면서도 도시
속속들이 파고든 물길과 집들과 도로들을 이어주는 크고 작은 다리
들을 보면서 1천 년 전 세계 무역을 지배한 베네치아 사람들의 창의
성과 진취성을 어렴풋이 느낄 수 있었다.

다니엘 마닌 동상

　　리알토 다리에서 조금만 남쪽으로 내려가면 날개 달린 멋진 사자를 거느리고 있는 동상이 나온다. 바로 이탈리아 통일의 선구자인 다니엘 마닌1804~1857의 동상이다. 이곳 출신인 마닌은 오스트리아의 지배를 벗어나기 위하여 이탈리아 통일을 주장하였던 정치인이다. 마닌은 유대인으로서는 처음으로 베네치아의 지도자 '도제'가 된 인물이다. 마닌도 그렇지만 유대인들은 어디서나 자신들이 속한 정치공동체의 해체를 요구하는 경향이 있는 것 같다.

　　러시아 공산혁명 당시 유대인 혁명가 트로츠키는 세계혁명을 부르짖었다. 미국에서도 조지 소로스 같은 헤지펀드 투자가들이나 금융부문을 장악한 유대인들은 글로벌화를 강력히 촉구한다. 구글이나 페이스북처럼 유대인들이 운영하는 IT기업들도 국경을 넘어서는 국제화의 선봉들이다.

　　리알토 다리 근처에는 통일운동의 주역인 지우세페 마치니1805~1872의 부조도 있다. 오스트리아 등 외세의 지배에서 벗어나기 위하여 맹렬하게 통일운동을 펼쳤던 19세기 이탈리아의 흔적이다. 19세기에는 이탈리아 통일운동이 지지를 받았지만, 그 후유증도 만만치 않았다. 통일 이후에 빈부 격차의 문제가 크게 드러나기 시작하고 결국 무솔리니 같은 파시스트 독재자가 출현하여 이탈리아를 패전의 구렁텅이로 몰아넣게 된다.

이탈리아 통일을 주장했던 베네치아의 도제 다니엘 마닌 동상

독일이 1,2차 세계대전을 일으키고 다른 민족을 학살하는 범죄를
저지른 것도 통일의 바탕이 된 민족주의의 결과물이다. 과거 중국에

서도 통일 왕조가 들어서면 항상 고구려 같은 주변국을 침략하였다. 일본도 전국 시대를 통일한 도요토미 히데요시가 조선을 침략하였다. 통일을 하면 국민이 많아지고 갈등도 많아진다.

요즘에는 이탈리아에서도 남북 분리운동이 만만치 않게 일어나고 있다. 부유하고 산업화된 북부지방이 남부와 따로 국가를 차리자고 주장한다. 가장 큰 이유는 북부에서 거둬들인 세금이 남부에서 더 많이 쓰이기 때문이다. 분리주의자들은 북부의 수도를 베네치아로 하자고 주장한다. 통일과 분열을 거듭하는 게 역사의 속성이다.

베네치아의 뒷골목들을 걸어 다니다 보니 저녁 때가 되었다. 길거리에서 해물튀김을 사먹었다. 컵라면만한 종이컵에 오징어와 여러 가지 작은 생선튀김을 담았다. 7유로로 좀 비싸지만 먹을 만하였다. 컵 바닥에는 삶은 감자를 으깨 넣어서 다 먹으면 저녁 한 끼로 충분하다.

아카데미 다리

어둠이 내리자 베네치아에서 가장 아름다운 야경을 볼 수 있다는 아카데미 다리로 갔다. 아카데미 다리에서 멀리 성당들을 바라보는 게 최고의 전망이라고 한다. 마침 이날은 우리나라의 추석이어서 한가위 보름달 구경도 하고 싶었다. 사진작가인 듯 커

아카데미 다리에서 바라본 베네치아의 야경
마침 한국 추석의 보름달이 떠오르고 있다.

다란 카메라와 삼각대를 메고 다리에 오르는 사람들도 보였다.

　과연 어둠이 내리는 밤하늘을 배경으로 저 멀리 운하가 거의 끝나는 위치에서 빛을 밝힌 성당의 둥근 돔 지붕이 베네치아의 운치를 드러내고 있었다. 오후 8시쯤 밤하늘에 드디어 한가위 달이 떠올랐다. 대운하를 오가는 선박들에서 떨어지는 불빛들이 물 위에 어룽지며 긴 자락을 늘어뜨렸다. 나는 베네치아에서 떠오르는 한가위 달을 연신 스마트폰으로 담았다. 그런데 아내가 다리 계단 위에 갑자기 주저앉았다. 쪼그리고 앉은 아내의 뒷모습을 보니 작은 어깨가 애처로워 보인다.

　"너무 많이 걸어서 다리가 몹시 아파. 더 이상 걸을 수가 없어."

　"……."

　"그리고 골목길도 이제는 갑갑해서 못 다니겠어."

　아내의 컨디션을 미처 살피지 못해 미안하고 마음이 아팠다. 아내를 겨우 달래서 숙소로 돌아왔다. 숙소에서 아내의 무릎, 종아리, 조그만 발바닥에 파스를 붙여주었다. 또다시 걱정이 되었다. 이 여행을 계획대로 마칠 수 있을지.

DAY 5

베네치아의 영광

◆
배를 타고 베네치아 대운하를 지나며
운하 양 옆으로 늘어선 아름다운 건축물들을 보고 있노라면
"아! 역시 베네치아구나" 하는 감탄이 절로 나온다.

여행을 떠나면 시간이 돈이다. 돈이 아까우면 가급적 이른 시간부터 서둘러 돌아다니면서 한 가지라도 더 보고, 더 느껴야 한다. 그러니 전날 밤 늦게까지 걸어 다니느라 다리가 아프더라도 아침부터 다니지 않을 수 없다. 아내도 두 다리의 종아리와 무릎, 발바닥에 모두 6장의 파스를 붙이고 베네치아 공략에 나섰다.

오늘은 운하의 도시 베네치아의 진면목을 살펴보기 위하여 20유로짜리 전일 승선권을 샀다. 이 표 한 장이면 하루 동안 베네치아 전역에서 대중 교통수단인 배를 모두 이용할 수 있다. 첫 목표지는 산마르코 성당이다. 산타 루치아 역 앞에서 우리가 승선한 배는 대운하를 지나며 산 마르코 광장으로 향했다. 배를 타고 대운하를 지나며 베네치아를 바라보면 '아! 역시 베네치아구나'라는 감탄이 절로 나온다.

대운하 좌우에 늘어선 아름다운 건물들은 대개는 3~4층이다. 아치형 창문들이 있고 벽에는 부조가 설치되어 있다. 집집마다 모두 특색이 있는 아름다운 건물들이다. 대운하 좌우에 늘어선 건물들을 보고 있노라면 1천 년 전에 이 아름다운 도시를 어떻게 건설했을까

베네치아 영광의 역사가 응축되어 있는 산 마르코 광장

하는 탄성이 나오지 않을 수 없다. 인류가 건설한 도시들 가운데 가장 창의적인 도시가 바로 베네치아 아닐까 하는 생각도 들었다. 베네치아 인들로 하여금 바다 위에 이러한 부유한 도시를 건설하게 한 원인은 무엇이었을까?

유럽에서는 로마가 멸망한 이후 봉건시대가 펼쳐진다. 농노가 농사를 짓고, 그 위에서 기사 영주 등이 지배한다. 그런데 베네치아에는 농사지을 땅이 없으니 봉건시대도 없었다. 베네치아 사람들에게는 바다가 삶의 터전이었다. 이들은 무역을 통해서만 생존할 수 있다는 사실을 일찍부터 깨달았다. 베네치아에는 농노, 기사, 영주는 없었고 오로지 상인들만 있었다. 베네치아 상인들은 무역 이외에는 달리 먹고 살 방법이 없다는 절박한 심정으로 주변 지역에 진출하였다.

베네치아는 서기 8백년대에 이미 로마 교황의 경고를 무시하면서도 이슬람에 무기와 전략물자들을 판매하였다. 교황이 문책하자 "우리는 무역 이외에는 달리 살 방법을 모릅니다."라고 항변한 사람들이었다. 갯벌에서 장어를 잡고 소금을 말리던 가난한 사람들이 강인한 삶의 의지를 가지고 무역으로 성공하여 창의적인 운하도시를 건설하였다. 국토도 좁고, 자원도 없는 데서 수출로 먹고살아야 하는 요즘의 우리나라와 비슷하다.

베네치아 사람들은 상인들인 동시에 해군 수병들이었다. 베네치아는 경쟁 도시인 제노바와의 전쟁에서 승리하고, 동로마제국 콘스탄티노플 정벌에 성공하며 세계 무역을 제패하였다. 과거 유럽의 무역 항로는 이탈리아 반도와 중동을 잇는 아드리아해가 중심이었다. 서기 400년까지는 로마제국이 아드리아해를 지배하였다. 로마제국이 멸망한 이후 1000년까지는 동로마제국이 아드리아해를 지배하였다.

그 다음 아드리아해를 지배한 나라가 베네치아이다. 베네치아의 번영은 오스만 터키에 의한 동로마제국의 멸망1453년과 콜럼버스의 신대륙 발견1492년으로 대표되는 대서양항로의 개척 이후 종말을 고하게 된다. 그 사이 약 5백 년 동안 베네치아는 국제무역의 메카로 군림하며 어마어마한 국부를 축적하였다.

산 마르코 대성당

베네치아의 번영이 집약된 장소가 산 마르코 광장이다. 우리는 산 마르코 광장에서 하선하였다. 산 마르코 광장은 마르코 성인의 이름을 딴 광장이다. 개신교에서는 마가로 통하는 마르코 성인은 성경의 4대 복음서 가운데 으뜸인 《마가복음》을 기록한 성인

베네치아 수호성인인 성 마르코의 유해를 보관하고 있는 산 마르코 대성당

◆ 산 마르코 대성당 정면 외벽에 설치된 작품
베네치아의 상인들이 알렉산드리아에서 성 마르코의 유해를 돼지고기를 담은 통에 넣고
이슬람 세관원들의 검색을 피해 반출하는 광경을 담고 있다.

이다. 성 마르코가 베네치아의 수호성인이 된 전설도 무역과 무관하지 않다. 성 마르코는 이집트 알렉산드리아에서 순교한 인물이다.

서기 8백년대에 베네치아 상인들이 이슬람 병사들의 눈을 피해 성 마르코의 유해를 돼지고기를 담은 통에 숨겨 베네치아로 반출하는 데 성공했다. 일본의 로마 연구가 시오노 나나미의 말대로 1급 성인인 성 마르코를 수호성인으로 모시게 되면서 베네치아 사람들의 자부심도 한껏 고양되었다. 성 마르코의 상징인 날개 달린 숫사자 조각이나 부조들을 산 마르코 광장의 여러 건축물들에서 쉽게 발견할 수 있다.

산 마르코 대성당은 성 마르코의 유해를 보관하기 위하여 건축된 성당이다. 나중에 보수했지만 1천 년 이상 된 건축물이다. 동로마제국 건축가들이 설계한 비잔틴 양식이다. 베네치아는 로마가톨릭 국가였지만, 로마가톨릭에서는 적그리스도라고 저주하며 적대하는 동로마제국에 복속하였다. 오로지 무역으로 인한 이익을 취하는 것이 목적이었다.

산 마르코 대성당에 입장하기 위해 줄을 서서 기다리는 동안 성당 정면 위 오른편에 있는 아치형 벽면의 모자이크화를 바라보았다. 베네치아 상인 등이 마르코 성인의 유해를 돼지고기가 담긴 통에 넣어서 이슬람 세관원들의 눈을 속여 반출하는 장면이다. 성당의 유래를 설명하는 듯하다.

중앙 아치 위에 설치된 커다란 말 네 마리 청동조각도 유서 깊은 유물이다. 원래 이 청동 말들은 비잔틴제국의 수도 콘스탄티노플에 있었다. 1208년 제4차 십자군을 이끌고 콘스탄티노플을 공략한 베네치아의 지도자 엔리코 단돌로가 전리품으로 보낸 것이다. 진품은 따로 보관되어 있으며 성당 위에 전시된 것은 복제품이다.

산 마르코 대성당 내의 모자이크 장식은 비잔틴 양식이다. 당시 동로마제국의 수도였던 콘스탄티노플의 성 소피아 성당에도 화려한 모자이크 장식이 있었다. 15세기에 콘스탄티노플을 정복한 오스만 터키는 도시의 이름을 이스탄불로 바꾸고 성 소피아 성당도 이슬람 모스크로 용도 변경하였다. 성당 내부의 모자이크 장식도 대부분 제거하여 현재는 극히 일부만 남아 있다.

그러나 산 마르코 성당의 모자이크 장식은 원형이 그대로 보존되어 있다. 성당 내부의 황금 모자이크 연면적은 8,000㎡에 달한다. 성서 이야기와 마르코 성인에 대한 내용이 많다. 모자이크가 금빛으로 빛나기 때문에 어둠 속에서도 잘 보인다. 햇빛이 들지 않는 어두운 천장에서 예수와 성인들을 새긴 모자이크가 실내 조명을 받아 은은히 빛난다. 신비스럽고 성스럽다. 세계에서 가장 크고, 가장 아름답고, 가장 완벽하고, 가장 값비싼 모자이크화이다. 끝없이 펼쳐지는 듯한 황금 모자이크의 향연을 한동안 바라보다 보면 베네치아가 참으로 부유한 도시국가였구나 하는 생각을 어렵지 않게 갖게 된다.

◆
산 마르코 대성당 내부를 장식하고 있는
어마어마한 규모의 황금빛 모자이크화를 잠시 동안 바라보면
베네치아가 참으로 부유한 국가였다는 생각을 하게 된다.

◆
베네치아의 지도자 도제의 궁전인 두칼레 궁전

두칼레 궁전

        산 마르코 성당과 붙어 있는 두칼레 궁은 베네치아의 최고 지도자인 도제의 궁전이라는 의미이다. 도제는 귀족들에 의해 선출되었다. 지금도 성당으로 사용되는 산 마르코 성당은 입장료가 없다. 그러나 두칼레 궁전은 입장료가 25유로나 된다. 두칼레 궁은 8백년대에 처음 건설되었다. 화재로 보수를 거쳐 현재의 모습을 갖춘 것은 15세기이다.

    건물은 유럽의 고딕식 양식에 비잔틴, 기하학적 이슬람 양식을 골고루 융합하고 있다. 무역대국 베네치아의 지도자가 사는 궁전답게 장엄하고 화려하다. 두칼레 궁에는 법 집행과 관련된 회의실이 많다. 엄정한 법 집행을 통해 공화정을 운용했다는 이야기다. 두칼레 궁전의 볼거리는 여러 방들을 장식하고 있는 벽화와 천장화들이다.

◆
두칼레 궁전의 대회의실
천장과 벽면마다 베네치아의 전쟁과 외교에 대한 역사를 담은 그림들로 가득하다.

대회의실은 가로 세로 크기가 53m, 25m이다. 베네치아에서 가장 큰 회의실일뿐만 아니라 유럽에서도 손꼽히는 대회의실이다. 이곳에서는 도제의 선거와 중요한 국사문제에 대한 토론이 이루어졌다. 대회의실에서는 벽과 천장을 가득 메운 그림들이 시선을 끈다. 천장화들은 황금 틀로 나뉘어져 있어 화려하기가 그지없다. 대부분은 인접국들과의 전쟁이나 로마 교황과 신성로마제국 황제로부터 승인을 받는 등 안보와 외교에 대한 내용들이다.

12개의 커다란 벽화들도 베네치아의 전쟁과 승리에 대한 그림들이다. 가장 중요한 것은 베네치아가 4차 십자군을 이끌고 동로마제국의 수도인 콘스탄티노플을 점령한 역사적 사실을 담은 그림이다.

원래 십자군은 이슬람에 빼앗긴 기독교 성지 예루살렘을 되찾으려 나선 중세 유럽의 기독교 연합군이다. 베네치아는 십자군에 필요한 선박이나 물자를 공급하며 많은 부를 축적하였다. 십자군 원정을 지원하며 베네치아는 중동지역과의 무역에 관한 특권을 얻어내는 등 해양 강국으로 발전하는 기틀을 마련하였다.

십자군은 처음 한동안은 예루살렘을 정복하는 등 성과를 거두었다. 그러나 이슬람에서 살라딘이라는 걸출한 지도자가 나타나 1187년 예루살렘을 다시 차지하였다. 4차 십자군은 이 같은 상황에서 결성되었다. 1201년 프랑스를 출발한 4차 십자군 지도자들은 베네치아에게 기사 4,500명과 보병 2만 명의 예루살렘 원정에 필요한 선박과 물자 지원을 요청하였다. 당시 베네치아는 90세가 넘는 눈 먼 도제

◆
대회의실에 걸린 **콘스탄티노플 전쟁화**
베네치아군이 4차 십자군을 이끌고 콘스탄티노플에 상륙공격을 감행하는 광경을 담았다.
실제 전쟁이 일어난 4백 년 후에 틴토레토가 그린 작품이다.

엔리코 단돌로가 이끌고 있었다. 베네치아인들은 4차 십자군과 3만 병력이 원정을 떠날 수 있는 대함대 건조 계약을 체결하였다. 국가의 운명을 건 엄청난 투기였다.

4차 십자군은 이 비용을 지불할 능력이 없었다. 도제 단돌로는 4차 십자군 지도자들에게 원정을 통해 획득한 전리품으로 비용을 상환하라고 요구하였다. 눈 먼 단돌로는 90세의 노구로 4차 십자군을 이끌고 콘스탄티노플로 쳐들어가 승리를 거두었다. 베네치아는 이 승리로 동로마제국을 사실상 상속하게 되어 이후 3백여 년간 지중해 무역을 독차지하며 대번영을 누리게 되었다. 로마 교황도 처음에는 단돌로를 파문하기도 했지만 결국은 기정사실로 인정하였다.

두칼레 궁전 대회의실 벽에는 단돌로가 4차 십자군에게 선박과 물자를 공급해 주는 계약을 하고 산 마르코 성당에서 주민들의 동의를 얻는 광경, 4차 십자군이 콘스탄티노플을 공격하는 그림들이 걸려 있다. 성벽을 배경으로 한 전투 장면은 4백 년 후에 틴토레토 1518~1594가 그린 작품이다. 성 마르코의 상징인 사자가 그려진 깃발을 든 베네치아 병사들이 콘스탄티노플의 성벽 앞에 상륙하고 있다. 실제로 이 상륙전에서는 단돌로 도제가 선봉에 섰다.

단돌로의 대담한 결단으로 인해 베네치아는 이전에는 상상하지도 못한 대번영을 누리며, 제국으로 거듭나게 된다. 단돌로는 끝내 베네치아로 귀환하지 못하고 콘스탄티노플에서 사망하여 소피아 성당에 묻혔다. 단돌로의 결정에 대해 기독교 세력이 같은 기독교 국가를 공

◆
대회의실 천장 아래에는 역대 도제들의 모습과 업적이 담겨 있다.
그런데 군주정 설립을 위한 쿠데타를 시도하다 참수당한 마리노 팔리에로는 검게 지워져 있다.

격하였으니 배신자라는 비난을 하기 쉽다. 그러나 공허한 명분보다는 국민들의 손에 잡히는 이익을 챙기는 것이 솔직하고 책임 있는 지도자의 태도이다. 이익을 잃고 명분을 챙기는 일은 무책임 무능에 다름 아니다. 여러 개인의 삶이 하나하나 모여서 이루어지는 것이 역사이다. 단돌로 같은 뛰어난 지도자가 있었기 때문에 베네치아는 오늘날까지도 아름다운 모습으로 남아 있다.

두칼레 궁전 대회의실에서 또 하나 눈여겨본 것은 벽화 위에 천장의 가장자리를 둘러 있는 도제 76명의 얼굴과 업적을 담은 프리즈이다. 그 중 시커멓게 지워진 자리가 한 군데 있다. 1355년 쿠데타를 시도하다 실패한 마리노 팔리에로 도제의 자리이다. 팔리에로는 베네치아를 전제군주체제로 바꾸기 위한 쿠데타를 시도하였다. 당시 베네치아는 제노바와의 전쟁에서 잇따라 패배하여 국민들의 불만이 높아졌다. 팔리에로는 귀족들이 지도자를 선출하는 공화정에서 세습 군주정으로의 정체변화를 시도하다 음모가 발각되어 이곳에서 귀족들이 지켜보는 가운데 참수당했다. 두칼레 궁 천장 밑 그의 얼굴이 있어야 할 자리는 검게 칠해진 위에 '이곳은 범죄를 저질러 참수당한 마리노 팔리에로의 자리이다'라고 쓰여져 있다.

대회의실 도제석 뒤에 설치된 **틴토레토의 벽화 〈천국〉**
근육질 천사들의 모습이 비장하다.
마치 국가를 위하여 싸우다 죽어야 천국에 갈 수 있다고 웅변하는 듯하다.

틴토레토가 4년간 그린 벽화 〈천국〉도 이색적이다. 대회의실이 전쟁과 엄정한 법 집행과 처형 등의 사례로 가득 찬 때문인지 〈천국〉도 환희에 넘치는 환한 그림이 아니라 무겁고 어둡다. 천국을 가득 메운 등장인물들도 천사가 아니라 비장한 결심을 한 전사들 같다. '천국에 들어가려면 국가를 위하여 싸우다 죽어라' 하고 웅변하는 듯하다.

두칼레 궁은 감옥으로 이어진다. 죄수들이 감옥으로 가다가 창문을 통해 바깥세상을 보고 탄식을 했다는 탄식의 다리가 있다. 감옥을 보니 규모도 크고 철문이나 창살의 두께가 매우 두껍다. 감옥의 수도 매우 많다. 도제가 사는 궁전에 이러한 대규모 감옥이 붙어 있다는 사실이 놀라웠다. 베네치아의 법 집행이 매우 엄정했다는 인상을 주기에 충분하였다.

두칼레 궁에 그려진 그림들은 대부분 전쟁과 외교, 그리고 법에 관한 것들이다. 8만이라는 적은 인구로 해군을 조직하고 세계의 무역을 장악하려면 엄정한 법 집행을 통한 동원관리가 필요했으리라는 생각에 이르렀다.

◆
두칼레 궁에서 감옥으로 가는
탄식의 다리 창밖으로 보이는 외부 모습

◆
도제가 사는 두칼레 궁에 있는 감옥
감옥이 많고 매우 견고하다.

리도, 부라노

산 마르코 성당과 두칼레 궁전을 나와 배편으로 리도로 갔다. 리도는 지금은 아름답고 고급스런 휴양지이다. 베네치아에서 수영을 하고 선탠을 하고 싶으면 리도로 가면 된다. 그러나 과거의 베네치아에게 리도는 최전방 지역이었다. 산 니콜로 성당은 베네치아에서 가장 오래된 성당이다. 군사력 주둔을 위한 전초 기지로

베네치아 초기에 세워진 리도의 산 니콜로 성당

◆
베네치아와 리도 사이의 바다
마치 호수처럼 잔잔하다.

서의 역할을 한 것 같다. 러시아도 중세에는 모스크바 남부에 수도원을 건설하여 타타르의 침공에 대비한 방어기지로 활용하였다.

리도에서 부라노로 가는 길에 하선 지점을 잘못 찾아 푼타 사비오니라는 곳에서 내렸다. 사람들이 모두 버스를 타길래 우리도 탔다. 실수해 봐야 섬에서 섬으로 가는데 힘든 일이 뭐 있겠나 싶었다. 구경이나 하자는 생각에 버스에 올라탔다. 그런데 푼타 사비오니는 이탈리아의 육지와 연결된 곳이었다. 버스가 한참을 간다. 30분쯤 가다 내려 다시 버스를 타고 돌아와 부라노로 가는 배를 탔다. 버스요금 3유로씩 6유로를 날린 셈이었지만 인생이나 여행이나 꼭 뜻한 바대로만 되는 법은 아니지 않은가. 내일은 어떤 여행이 기다리고 있을까. 아무리 계획을 세웠어도 전혀 생소한 곳을 찾아가는 일이기 때문에 항상 임기응변의 준비를 해야 한다. 아집과 오기와 고집은 금물이다.

리도에서 베네치아로 배를 타고 가는데 바다가 마치 호수처럼 잔잔하다. 바다라는 생각을 전혀 할 수 없을 정도이다. 리도섬에 파도가 막힌 때문일 것이다. 옛날 베네치아 사람들은 이처럼 잔잔한 바다에서 배를 타기 시작하면서 남들보다 먼저 항해술을 익히게 된 것 아닐까 하는 생각이 들었다.

부라노의 산 마르티노 종탑
기울어진 것으로 유명하다.

부라노는 컬러풀하게 채색된 집들이 들어선 조그만 섬이다. 산 마르티노 성당의 기울어진 종탑이 인상 깊다. 부라노에서 생선튀김과 감자튀김으로 점심을 겸한 저녁을 먹었다. 나이가 들면서 한 가지 좋은 점은 식사량이 줄어든다는 것이다. 하루에 두 끼로 지내는 경우가 적지 않다. 오늘은 계속 배를 타고 이동했기 때문에 아내가 다리가 아프지 않다고 한다. 다행이다.

피렌체 베키오 광장과 권력투쟁

아침 일찍 일어나 베네치아 대운하 주변을 걸었다. 피렌체로 가는 기차 출발 시간까지 베네치아 대운하 주변의 아름다운 모습을 기억 속에 조금이라도 많이 담아 놓고 싶었다. 운하를 다니는 선박들과 아름다운 건물과 다리들, 그리고 다양한 생김새의 수많은 관광객들이 만들어 내는 풍경이 머릿속에서 오래도록 지워지지 않기를 바라는 마음이었다. 세계 무역의 패자 시절 이곳을 메우던 수병들과 상인들은 사라졌지만 관광객들은 끊임없이 밀려들어 그들이 남긴 영화榮華를 찾아 탐닉하고 있었다.

기차를 타고 피렌체로 향했다. 피렌체의 산타 마리아 노벨라 역까지는 2시간가량 걸렸다. 피렌체는 인간에게 스스로의 아름다움과 자유를 일깨운 르네상스의 도시이다. 2001년에 피렌체를 배경으로 한 일본 소설 《냉정과 열정 사이》가 우리나라에서도 뜨거운 반응을 얻었다. 여성작가 에쿠니 가오리와 남성작가 츠지 히토나리가 함께 쓴 이 소설은 주인공 남녀가 헤어진 10년 뒤 피렌체 두오모 지붕에서 만나는 설정으로 2003년에는 영화로도 제작되어 큰 인기를 끌었다.

우리는 숙소에서 짐을 푼 뒤 우선 점심을 먹으러 나갔다. 피렌체는 미식美食으로도 유명한 도시이다. 소금으로만 간을 하는 커다란 T본 스테이크와 스파클링 와인이 유명하다. 스테이크는 겉만 살짝 구워 먹는다. 토스카나 햄버거도 소고기 패티는 거의 익히지 않는다. 겉만 살짝 익혀 먹는다. 송로버섯 스파게티, 수타면 등 찾아보면 맛있는 음식들이 많다. 시장에서는 곱창버거도 판다. 나중에 알게 되었지만 곱창버거는 시실리 섬에서 많이들 먹었다. 아마도 가난한 남부에서 시작된 음식인 듯하다.

이탈리아는 맛의 천국이라고 불린다. 파스타, 피자, 젤라토의 원조 국가이고 와인의 주요 산지이다. 음식의 종류도 많고 식당의 형태도 다양하다. 이런 나라에서는 어디서 식사를 해야 하는지가 고민이 된다.

이탈리아에는 레스토란테, 트라토리아, 오스테리아 등 크게 세 종류의 식당이 있다. 가장 고급스러운 식당은 레스토란테이다. 종업원들이 정장을 입고 근무하며 손님들도 격식을 차려야 한다. 물론 음식

가격이 가장 비싸다. 트라토리아에서도 종업원들이 정장차림으로 근무한다. 손님들은 캐주얼한 복장이다. 트라토리아까지도 가격이 비싸다. 오스테리아는 가격이 가장 저렴한 식당이다. 격식도 잘 차리지 않는 곳이 많다. 잘 알려진 맛집들은 현지인 손님들이 많다. 손님이 많은 식당을 찾으면 저렴하고 맛있는 음식을 먹을 수 있다. 하지만 자칫 늦으면 줄을 서서 기다려야 하는 것이 단점이다. 이런 식당들은 가게 바깥에 메뉴가 펼쳐져 있다. 가격을 보고 들어가면 바가지 쓸 일은 거의 없다. 길거리 가게들이나 마트에서 파는 피자나 샌드위치는 더욱 저렴하다. 길거리에 서서 먹거나 숙소로 가져가 먹으면 된다.

배를 채운 우리는 먼저 피렌체 두오모로 향했다. 피렌체는 작은 도시이다. 시내 대부분의 유적들을 걸어서 찾아볼 수 있다. 우리는 미켈란젤로 언덕에서 숙소로 돌아올 때 버스를 탄 것을 제외하고는 닷새 동안 단 한 차례도 차를 타지 않았다.

두오모

두오모는 멀리서 바라보았을 때 마치 동화 속에 나오는 건물 같았다. 하얀색 외벽에 사각의 무늬들이 줄지어 이어지고 있었다. 붉은색 돔 지붕은 뾰족탑으로 가득한 밀라노의 두오모와는 전혀 다른 인상을 주었다. 밀라노의 두오모 같은 고딕식 첨탑 건물

피렌체 두오모의 붉은 색 돔 지붕
첨탑이 3천 개나 되는 고딕식 건물인 밀라노 두오모와는 달리 따뜻한 인상을 준다.

두오모 내부에서 바라본 돔 지붕
팔각의 형태이다. 천장화는 16세기 바사리의 작품 〈최후의 심판〉

들은 사람을 왜소하게 만든다. 밀라노의 두오모는 3천 개나 되는 뾰족탑 꼭대기에 성인들을 올려놓았다. 성인들이 하늘 높이 천국에 자리 잡고 있다는 의미일 것이다. 지붕 위에 올라 이 뾰족탑을 쳐다보기만 하여도 등골이 서늘해지고 현기증이 난다. 성당에 가면 평소에 저지른 죄 많은 행동들을 떠올리기 마련인 보통 사람들 입장에서는 첨탑을 바라만보아도 왜소해지기 십상이다. 이런 곳에서는 연인들이 만나기가 거북하다. 10년 만에 만나도 각자의 잘못을 떠올리며 고개를 떨구고 뭔가를 뉘우치기 바쁠 것 같다.

그러나 피렌체의 두오모는 커다란 둥근 지붕이다. 둥근 지붕이 지상 위에 살고 있는 사람들을 모두 끌어안고 품어주는 듯하다. 따뜻하고 정감어린 모습이다. 10년 아니라 20년이 지나도 연인들이 만나서 서로의 상처를 감싸주고 안아줄 분위기이다.

피렌체 두오모 건설은 13세기에 시작되었다. 이곳 사람들은 처음부터 북방의 고딕식을 거부하고 원형 돔 천장을 만들기로 하였다. 그러나 기술적인 어려움 때문에 지은 지 2백 년이 지나도록 지붕이 없었다. 커다란 돔 지붕을 완성한 사람이 바로 당대의 수학자이자 건축가인 브루넬레스키1377~1446였다. 브루넬레스키는 로마의 판테온을 응용하여 지름 42m에 달하는 거대한 돔을 완성하였다. 내부에서 보면 돔 지붕은 팔각형에 가깝다.

브루넬레스키는 피렌체의 다른 성당들도 설계했는데 다 비슷비슷하다. 군데군데 자리한 커다랗고 둥근 붉은 돔들이 이곳을 찾는 사람들에게 어떤 여유로움을 선사한다. 두오모와 그 앞에 있는 조토의 종탑 건물의 외벽에는 커다란 사각형이 새겨져 있다.

두오모 내부는 의외로 간소하다. 이탈리아의 다른 성당들처럼 화려한 벽화들이나 장식들이 별로 없고, 크고 작은 스테인드글라스가 많다. 입구 위에는 시계도 부착되어 있다. 천장에는 16세기 바사리의 작품 〈최후의 심판〉이 있는데, 워낙 높은 곳에 있어서 제대로 알아볼 수 없는 점이 아쉬웠다. 입장료를 내고 지붕에 올라가려면 464개의 계단을 올라가야 한다. 이곳에서 내려다보는 피렌체 시내 전경이 아름답다고 한다. 우리는 힘들 것 같아서 포기하였다. 나중에 미켈란젤로 광장에서 시내를 내려다볼 계획이었다.

두오모 밖에는 조토의 종탑이 있다. 화가로도 유명한 조토가 67세 때 설계한 높이 85m의 종탑이다. 외벽은 흰색, 연분홍, 연초록 대리석에 기하학적 문양을 집어넣었다. 종탑은 5층으로 이루어져 있는데 층수가 올라갈수록 아래층보다 조금씩 높아진다. 덕분에 건물을 밑에서 보면 각 층의 높이가 똑같아 보인다.

산 조반니 세례당은 11세기 건축물로 피렌체에서 가장 오래된 팔각형 건물이다. 성경의 내용을 담은 3개의 청동문이 유명하다. 내부에는 모자이크 천장화가 있다.

두오모는 돔 지붕을 가진 르네상스 스타일, 조토의 종탑은 고딕식이며, 산 조반니 세례당은 팔각형 건물이다. 건축 양식은 다르지만 외벽의 백색 대리석과 줄무늬 등으로 일체감을 형성하고 있다. 건물

◆
왼쪽부터 산 조반니 세례당, 두오모, 조토의 종탑
이 세 건축물들의 양식은 각각 다르지만 외벽의 무늬들 때문에
조금 떨어져서 바라보면 마치 하나로 이어진 건물처럼 보인다.

피렌체 두오모의 정면은 19세기에 완성되었다.

◆

두오모 내부는 텅 빈 느낌을 줄 정도로 단순하다. 사보나롤라의 영향으로 보는 사람들도 있다.
출입구 위의 벽시계는 15세기 화가 파올로 우첼로의 작품이다.

들은 떨어져 있지만 조금 멀리서 보면 한 줄로 이어져 건물을 연결하는 듯한 착각을 일으킨다. 건축가들이 다른 건물들과의 조화를 중시한 때문이 아닐까 한다.

베네치아도 관광객들이 많았지만 피렌체도 그에 못지않은 듯하였다. 밤이 되어도 두오모 주변은 인산인해이다. 아닌 게 아니라 피렌체 두오모는 밤이 되니 더 아름답다. 건물의 흰색과 줄무늬들이 어두운 밤에 조명을 받아 더욱 선명하게 드러난다.

단테와 베키오 다리

《신곡》을 쓴 단테1265~1321는 피렌체 출신이다. 그는 자신을 천국으로 인도하는 베아트리체를 평생 세 차례 만났다고 한다. 처음은 아주 어릴 적에 이웃집에 놀러가서 만났다. 두 번째는 청년 시절에 아르노 강변을 걷다가 연인 베아트리체를 보고 또 한 번 반하게 된다. 세 번째 만남은 문학적 상상 속에서 천국으로 인도하는 베아트리체를 만난다. 피렌체에는 단테의 집이 있다. 베아트리체도 실존 인물이라고 한다. 지금은 베아트리체가 다니던 성당도 보존되어 있다.

단테가 산책하던 아르노 강변길은 포장이 되어 있다. 화창한 날 강변길을 걸으며 강 위에 있는 다리들을 바라보는 것도 좋다. 아르

우피치 미술관 3층에서 바라본 베키오 다리

노 강의 다리 중 베키오 다리가 가장 유명하다. 로마제국 당시에 건설된 오래된 다리이다. 베키오 다리는 멀리서 볼 때 더 아름답다. 다리를 떠받치는 세 개의 아치와 다리 위에 자리 잡은 노랑 빛 건물들이 곡선과 직선의 조화를 이루고 있다.

2차 세계대전 당시 퇴각하던 나치독일군도 차마 베키오 다리만은 파괴하지 못하였다. 다리 위의 건물들은 대개 상점들이다. 밤에는 진열장을 덮은 나무판들이 약한 조명 아래서 은은한 빛을 반사하며 연륜을 말해 준다. 베키오 다리 위에는 피렌체 출신의 조각가 벤베누토 첼리니1500~1571의 흉상이 설치되어 있다.

시뇨리아 광장

피렌체의 인파는 두오모와 베키오 다리를 지나 시뇨리아 광장으로 이어진다. 베키오 궁전 앞에 있는 광장이다. 베키오 궁전은 정치 및 행정의 중심으로 높다란 갈색 석조 건물이다. 한밤중에 보니 동화 속에 나오는 마녀의 성처럼 어딘지 위압적이고 음산한 기운을 풍긴다. 시뇨리아 광장에는 유명한 미켈란젤로의 〈다비드 상〉이 설치되어 있다. 진품은 아카데미아 미술관에 보관되어 있고 이곳의 〈다비드 상〉은 복제품이다. 그 옆에 있는 넵튠 분수, 헤라클레스 상 등은 진품이다. 바로 옆 아치형 로지아에도 르네상스 시기의

베키오 궁전
지금도 피렌체 시청으로 사용된다.

대가들의 많은 걸작들이 수백 년째 전시되고 있다. 이 많은 아름다운 조각품들도 제작 당시에는 다양한 정치적인 고려가 뒷받침되었다.

피렌체는 아름다운 도시이지만 역사마저 지고지순한 아름다움과 평화로만 가득 찬 것은 아니다. 피렌체도 다른 어느 도시 못지않은 살벌한 권력 투쟁과 살육의 역사를 지니고 있다. 시뇨리아 광장은 르네상스 시대에 권력 투쟁과 처형의 무대가 되었다.

피렌체의 르네상스에는 메디치 가문의 공헌이 절대적이었다. 미켈란젤로 같은 대가들도 메디치 가문의 적극적인 후원이 없었다면 빛을 보기 어려웠을 것이다. 메디치 가문은 로마 교황권력이 쇠퇴기에 들어서면서 성장한다. 봉건주의에 기반한 교황의 권력은 교역이 발달하고 자유도시들이 발전하면서 쇠퇴해 가고 있었다. 메디치 가문이 그리스 로마 철학에 바탕을 둔 인본주의적인 르네상스 예술을 지원한 것도 자신들의 지위를 과시하고, 로마 교황청의 엄숙주의를 견제한다는 의미도 있었다.

로마 교황의 은행 업무를 도맡으며 부유해진 메디치 가문은 경제력을 바탕으로 피렌체를 지배하게 되었다. '위대한 로렌초'로 불렸던 로렌초 메디치1449~1492는 피렌체뿐만 아니라 이탈리아 전역의 정치를 사실상 지배할 정도로 권세가 대단했다. 로렌초와 로마 교황 사이에는 점차 긴장관계가 형성되었다.

로마 교황이 메디치 가를 견제하는 과정에서 1478년 '파치 음모' 사건이 발생하였다. 메디치 가와 경쟁하는 은행가인 파치 가문이 교

황의 묵인 하에 메디치 가문을 몰살하려 한 쿠데타 시도이다. 음모
자들은 두오모에서 미사에 참가한 로렌초 형제를 노렸다. 로렌초 메
디치의 동생인 줄리아노는 잔인하게 살해당했지만 로렌초는 무사히
현장을 빠져나가 쿠데타는 실패하게 된다. 로렌초는 보복으로 음모
에 가담한 인사들을 모두 처형하였다. 그는 주모자들을 베키오 궁
전 창문에 매달아 교수형에 처했다. 군중에 훼손된 사체는 시뇨리아
광장에 버려졌다가 아르노 강에 던져졌다. 이 사건으로 80명이 처형
되었으며 파치 가문 인사들은 재산을 몰수당하고 추방되었다.

권력을 지킬 수 있게 된 로렌초는 1482년 로마 교황의 부정부패를
비난하여 유명해진 도미니크 수도회 소속의 수도사 지롤라모 사보나
롤라1452~1498를 초청하였다. 사보나롤라는 대중에 엄격한 도덕주의
와 청빈을 강요하였다. 그는 로마 교황청의 부패와 사치를 비판하여
빈민층을 중심으로 인기를 끌게 되었다. 사보나롤라는 로렌초 메디
치의 임종을 지켜보았다. 두 사람이 저주를 퍼부었다는 설도 있지만
로렌초는 편안하게 임종했다는 것이 정설이다.

1492년 로렌초가 죽고 큰아들 피에로가 뒤를 이었다. 피에로는 병
약하고 무능하였다. 그런데 이때 사보나롤라는 "북쪽에서 구세주가
오신다."고 예언하였다. 마침 1494년에 프랑스의 샤를 8세가 대군을
이끌고 침략하여 메디치 가문의 지배도 막을 내리게 된다. 메디치 가
문이 사라진 피렌체에서는 20년 동안 공화정이 실시된다.

실권자가 된 사보나롤라는 피렌체 주민들에게 사치스런 생활을

◆
우피치 미술관에 있는 로렌초 메디치 초상화
로렌초 뒤에 고대의 조각상 등 예술품들이 배경을 이루고 있다.
메디치 가는 대중으로부터는 고리대금업자라는 비난을 받기도 하였다.
이 초상화는 로렌초가 예술 애호가라는 사실을 강조하고 있다.

◆

프라 바르톨로메오가 15세기에 그린 사보나롤라
로렌초 메디치에 발탁된 그는 메디치 사후에 펼쳐진 피렌체 공화정의 실권자가 되어
예술품 소각 등 극단적인 도덕주의를 실천하려 하였다.
그러나 사보나롤라는 교황과 지나치게 대립하다 파문당하고 화형당한다.

끝장내자며 값비싼 미술품들을 불태워 버리는 이른바 '허영의 소각 bonfire of vanities' 행사를 1497년 2월 7일 시뇨리아 광장에서 실시하였다. 유명한 화가 보티첼리도 이때 자신의 작품들을 불태웠다고 한다. 21세기에 아프가니스탄의 이슬람 원리주의 세력인 탈레반이 문화재를 파괴하는 행위와 흡사한 것 같다. 이 통에 수천 점의 값진 르네상스 예술품들이 사라져 버렸다.

사보나롤라의 교회 비판이 지속되자 로마 교황 알렉산더 6세는 그를 파문하였다. 또 사보나롤라가 구세주라고 주장했던 프랑스 샤를 8세도 피렌체 주민들에게는 인기가 없었다. 결국 사보나롤라는 1498년 5월 23일 아침 이곳 시뇨리아 광장에서 화형당한다.

다비드 상

1492년 사망한 로렌초 메디치에게는 병약한 피에로 말고도 세 명의 아들이 더 있었다. 친아들 조반니가 있었고, 양아들로 파치 가문의 쿠데타로 살해당한 동생 줄리아노의 아들 줄리오와 조각가 미켈란젤로가 있었다. 로렌초 메디치는 영재교육을 강조하여 일찌감치 천재성을 발휘한 14세의 미켈란젤로를 양자로 삼고 궁전에서 함께 살았다.

그러나 미켈란젤로는 정치적으로는 공화제에 호응하는 입장이었

◆
피렌체의 공화정 실시를 기념하여 미켈란젤로가 제작한 〈다비드 상〉

다. 미켈란젤로는 1504년 공화정이 시작된 피렌체의 시민들에게 바치는 의미로 〈다비드 상〉을 조각하였다. 높이 5m나 되는 〈다비드 상〉은 골리앗과의 싸움을 결심한 직후의 결의에 찬 모습이다. 〈다비드 상〉의 두 눈은 피렌체에 간섭하려는 로마를 응시하고 있다고 한다.

조반니 메디치는 1513년에 교황 레오 10세, 줄리오는 1523년에 교황 클레멘트가 된다. 메디치 가문이 배출한 교황들이 메디치의 후손들을 피렌체의 지배자로 다시 옹립하게 된다.

미켈란젤로의 〈다비드 상〉 옆에 비슷한 크기의 〈헤라클레스와 카쿠스〉 상이 있다. 그리스 신화에 나오는 영웅 헤라클레스가 가축 도둑인 카쿠스를 잡아 죽였다는 전설을 바탕으로 제작된 것이다. 헤라클레스는 왼손으로 카쿠스의 머리채를 잡고 있다. 오른손에 쥔 몽둥이로 공포에 질린 카쿠스를 내려쳐 죽이기 직전의 모습이다. 피렌체에 재집권한 메디치 가문이 공화제의 상징처럼 된 〈다비드 상〉에 대응할 만한 작품을 만들라고 조각가 반디넬리1488~1560에게 의뢰하여 제작된 것이다. 헤라클레스는 메디치 가문을, 도둑 카쿠스는 공화주의자들을 상징한다. 메디치에 복종하지 않는 자들에게는 관용을 베풀지 않겠다는 경고의 의미를 담은 조각상이다.

로지아에 있는 청동 조각 〈메두사의 머리를 들고 있는 페르세우스〉도 재집권한 메디치 가문의 의뢰를 받은 첼리니가 1554년에 완성하였다. 그리스 신화에 나오는 메두사는 누구든 눈을 마주치면 돌로 변하게 만드는 괴수인데, 영웅 페르세우스에 목이 잘린다. 페르세우

메디치 가의 주문으로 반디넬리가 제작한 〈헤라클레스와 카쿠스〉
헤라클레스는 메디치 가문을, 도적 카쿠스는 공화정을 상징한다.

◆
메디치 가문의 주문으로 첼리니가 제작한 〈페르세우스와 메두사〉
페르세우스는 메두사의 잘린 머리를 〈다비드 상〉을 향해 쳐들고 있다.

스는 메두사의 머리를 방패로 사용하였다.

  첼리니의 조각을 보면 메두사의 머리를 든 페르세우스가 메두사의 몸통을 밟고 서 있다. 페르세우스는 메디치를 상징한다. 재미있는 것은 페르세우스는 메두사의 머리를 〈다비드 상〉을 향해 쳐들고 있다. 다비드로 하여금 메두사와 눈을 마주치게 하여 돌로 만들어 버리겠다는 듯하다. 이러한 배치를 두고 메디치 가문이 〈다비드 상〉으로 상징되는 공화제를 용납하지 않겠다는 의지가 담겼다는 해석도 나온다.

  메디치 가문은 1559년 그 옆에 넵튠의 분수도 설치한다. 가문의 권위를 과시하기 위한 의도였다. 아름다운 조각상들이지만 정치 이데올로기의 산물이었다.

  지금 내 눈앞에 있는 베키오 궁의 창문 밖으로 파치 가문의 음모자들이 교수형을 당하는 장면을 상상해 보았다. 아이들이 몰려나와 조각난 사체들을 발로 차고 아르노 강에 빠뜨렸다. 그 후 20년 동안에 프랑스 군대가 쳐들어왔고, 사보나롤라의 광기로 예술품들은 무더기로 불에 탔다. 한 해 뒤에는 그 자신이 이곳에서 화형당했다.

  아름다운 예술을 남긴 르네상스 역사도 무시무시한 권력투쟁으로 점철되어 있다. 파괴와 살육의 기억이 아직도 피렌체 시민들의 머리속에 생생했을 때 미켈란젤로는 자유에 대한 결의를 기리는 〈다비드 상〉을 제작하였다. 권력을 되차지한 메디치 가문은 헤라클레스

상과 넵튠의 분수를 설치하였다.

지금 그 조각상들을 제작한 예술가들과 제작을 의뢰한 사람들은 모두 사라졌다. 조각에 담겼던 적대적 이데올로기와 경고의 의미도 함께 사라졌을까? 다비드 상과 헤라클레스 상, 페르세우스 상, 넵튠의 분수는 제작 취지는 상반되지만 오랜 역사의 무대에서는 하나로 어울리지 못할 이유가 없다. 건장한 신체 조각상들은 지금은 우아한 아름다움만을 발산한다. 인생은 짧지만 예술은 길다는 말을 실감한다.

시뇨리아 광장의 조각상들처럼 정쟁의 기억은 잊혀지더라도 후세에 전해질만한 우아한 아름다움을 우리는 과연 남기고 있을까?

DAY 7

우피치 미술관과 산타 크로체 성당의
르네상스 거인들

피렌체에서 두오모와 베키오 다리를 보고 시뇨리아 광장에서 미켈란젤로의 〈다비드 상〉과 아름다운 조각들을 공짜로 감상했다. 오늘의 목표는 우피치 미술관이다. 나는 새벽부터 서둘렀다. 르네상스 작품들이 가득한 우피치 미술관에는 워낙 관람객들이 많이 몰려든다는 소문 때문이었다.

우피치 미술관

우피치 미술관은 메디치 가문 소유의 미술관이었다. 메디치의 마지막 핏줄인 안나 마리아 루이사 메디치1667~1743가 단 하나의 소장품도 피렌체를 떠나서는 안 된다는 조건으로 미술관 건물과 함께 기증하였다. 이 건물은 피렌체에 복귀한 메디치 가문의 수장인 코시모1519~1574가 사무실로 쓰기 위하여 조르지오 바사리1511~1574에게 건축을 의뢰한 것으로 1581년 완공되었다.

◆
우피치 미술관
3층은 처음부터 갤러리로 쓰일 목적으로 건설되었다.

◆
우피치 미술관 3층 복도에는 조각상들이 줄지어 전시되고 있다.
천장화도 예술이다.

'우피치'는 영어의 '오피스office'에 해당하는 말이다. 처음부터 3층은 개인 갤러리로 설계되었다. 현대식 건물이라 하더라도 매우 뛰어난 작품이라고 할 수 있을 정도로 건물의 디자인이 심플하고 아름답다. 외벽에는 피렌체를 빛낸 예술가들의 전신 조각상들이 설치되어 있다.

우피치 미술관은 2백여 년 전부터 관람객에게 개방되었다. 현재 세계에서 가장 많은 관람객이 찾는 미술관 중의 하나이다. 르네상스 3대 거장으로 불리는 레오나르도 다빈치, 미켈란젤로, 라파엘로와 보티첼리, 조토 등의 대가들의 걸작들이 전시되고 있다.

미술관 관람은 3층에서 시작한다. 복도에 서면 머리 위로는 천장화가, 좌우로는 그리스 로마의 조각상들이 끝없이 이어지는 듯하다. 미술관 소장품들이 얼마나 풍부한지를 말해 준다. 전시실별로 특정 예술가들의 개별 작품들이 전시되어 있어 시간에 쫓기는 여행자들이 찾아보기에 편리하다.

레오나르도 다빈치의 미완성 작품 〈동방박사의 경배〉

우피치 미술관에는 흔치 않은 레오나르도 다빈치의 작품들이 있다. 며칠 전 밀라노의 산타 마리아 델레 그라치에 성당에서 그의 〈최후의 만찬〉을 직접 보았는데 피렌체에서 또 그의 작품을 볼 수 있다니 이 무슨 호강인가. 우피치에는 〈동방박사의 경배〉와 〈수태고지〉 등의 작품들이 있다. 〈동방박사의 경배〉는 다빈치가 밀라노로 떠나기 전에 남긴 미완성 작품이다. 중앙에 성모 마리아와 아기 예수, 그리고 동방박사의 모습이 3각형 구도를 이룬다. 30세의 다빈치가 기하학적인 구도에 집착했음을 알 수 있다. 이 작품 오른쪽 끝의 인물이 다빈치의 자화상이라고 한다. 〈수태고지〉는 가브리엘 천사장이 마리아에게 예수를 낳을 것을 알리는 성경의 내용을 그림으로 표현한 것으로 다빈치 20대 때의 작품이다.

다빈치의 스승인 베로키오의 작품 〈예수의 세례〉라는 작품이 있다. 이 작품의 왼편에 있는 천사는 10대의 다빈치가 스승의 부탁으로 그렸다. 그런데 베로키오는 어린 다빈치가 자신보다 더 잘 그린다고 생각해 이후에는 절필했다고 한다. 푸른색은 쪽색에서 나오지만 쪽빛보다 더 푸르다는 '청출어람이청어람靑出於藍而靑於藍'이라는 사자성어가 생각난다.

베로키오는 어린 제자의 뛰어난 솜씨를 보고 기뻐했을까, 아니면 자신의 재능 부족에 절망했을까. 역시 예술 분야는 노력보다 타고난 천

다빈치의 미완성 작품 〈동방박사의 경배〉
가운데 성모 마리아가 아기 예수를 안고 있다.
그 주위에 동방박사 세 사람이 무릎 꿇고 경배하고 있다.
폐허가 된 건물이 배경을 이루고 있다.
이는 구세주가 탄생한 날 밤에 로마의 신전이 무너진다는 전설에 따른 것이다.
오른쪽 끝에 위치한 인물이 다빈치의 자화상으로 알려지고 있다.

다빈치의 스승인 베로키오의 작품 〈예수의 세례〉
왼쪽 끝의 천사는 제자인 10대의 다빈치가 그렸다고 한다.

◆
다빈치가 20대 초반에 그린 〈수태고지〉
천사가 마리아에게 구세주를 낳게 될 것을 알리고 있다.
천사의 손에 든 하얀 백합은 마리아의 순결을 상징한다.

재성이 중요한 것 같다. 다빈치 같은 인류가 낳은 천재들의 작품을 눈 앞에서 연거푸 볼 수 있다는 것도 글로벌 시대가 선사하는 축복이다.

미켈란젤로가 남긴 유화 〈도니 톤도〉는 성聖가족을 담고 있다. 성 가족은 성모 마리아, 예수, 그리고 세상에서의 아버지인 요셉이다. 미켈란젤로는 조각과 프레스코화의 대가이다. 그가 남긴 유화 가운데에 는 〈도니 톤도〉가 거의 유일하다. 〈도니 톤도〉는 피렌체의 부유한 은 행가 도니가 결혼을 기념하기 위하여 미켈란젤로에게 의뢰한 작품이 다. '톤도'는 원형 작품이라는 의미이다.

〈도니 톤도〉의 성 가족은 중앙에 풀밭 위에 자리잡고 있다. 맨발의 성모 마리아가 앉아 있으며, 어깨 위에 아기 예수를 올려 요셉에게 보 여주는 모습이다. 낮은 담 뒤 오른편에는 세례 요한이 물에서 상반신 을 드러내고 있다. 그 뒤로 다섯 명의 벌거벗은 남성들은 성 가족을 바라보지 않고 있기 때문에 아직 예수의 가르침을 받지 못한 사람들 이라는 설이 있다.

미켈란젤로의 1507년 작품 〈도니 톤도〉는 색상이 밝고 화려한 느낌 을 준다. 미켈란젤로는 한 해 뒤인 1508년부터 로마 시스틴 성당에 천 장화 〈천지창조〉를 그리기 시작하였다.

미켈란젤로가 드물게 남긴 유화 〈도니 톤도〉
성 가족을 그린 그림이 담겨 있다.

라파엘로의 〈성모상〉
두 아기 가운데 왼편이 세례 요한, 오른편이 예수이다.

라파엘로1483~1520의 〈성모상〉은 초등학교 미술교과서에도 나오는 걸작이다. 성모 마리아와 아기 예수, 세례 요한이 표현되어 있다. 아기 요한은 손에 작은 붉은 점이 있는 오색방울새를 쥐고 있고, 예수가 새를 잡으려 손을 뻗치고 있다. 오색방울새는 예수가 가시면류관을 쓰고 십자가에 못 박혀 피 흘릴 때 그 위를 날아가다 가시에서 튄 피가 묻어 붉은 점이 생겼다는 전설이 있다. 이 때문에 오색방울새는 십자가에 못 박힌 예수를 상징한다. 라파엘로는 두 아기 모두를 성모 마리아의 아들처럼 그렸다. 나중에 두 아들은 모두 희생당한다. 세례 요한은 헤롯왕에 참수당한다. 예수는 인류의 죄를 대속하며 십자가에 못 박혀 죽는다. 성모 마리아가 아들을 인류에 바치는 것은 아들만큼이나 인류를 사랑하기 때문이다. 라파엘로의 성모상을 보면 지상에서 모든 사랑의 원천은 어머니라는 생각이 든다. 아이들을 키워보면 더욱 실감하게 되는 사실이다.

보티첼리의 〈비너스의 탄생〉과 〈봄〉

보티첼리1445~1510는 우피치 미술관을 찾는 관람객들에게 가장 인기 있는 작가이다. 보티첼리의 작품 〈비너스의 탄생〉과 〈봄〉에는 가장 많은 관람객들이 몰린다. 보티첼리는 신비스러운

보티첼리의 〈비너스의 탄생〉

화가이다. 르네상스 시대에 다른 작가들은 인간을 작고 무표정하게 표현하는 중세화를 벗어나기 시작하였다. 과학적인 인체 해부, 원근법 등을 바탕으로 새로운 스타일의 회화를 그렸다. 그런데 보티첼리는 이러한 르네상스의 화풍을 추종하지 않았다. 그렇다고 해서 중세풍을 고집한 것도 아니다. 〈비너스의 탄생〉과 〈봄〉은 그리스 로마 신화를 바탕으로 그린 것이다. 등장인물들도 비현실적인 10등신이다. 과장된 육체와 얼굴들이 아름답고 섹시하다. 바라보고 있으면 그냥 기분이 좋다. 아마도 자신의 생각대로 미학을 추구하지 않았을까 한다.

20세기 팝아트의 선구자인 앤디 워홀은 마릴린 먼로의 얼굴을 캔버스에 옮겨 인기를 끌었다. 그에게 이유를 묻자 "아름답기 때문"이라고 답했다고 한다. 보티첼리에게 "당신의 그림에는 원근법도 없고 인물 묘사도 과학과는 거리가 멀다. 도대체 왜 그런 그림을 그렸나?"라고 물으면 그냥 "아름답지 않아요?" 하고 반문할 것 같다.

보티첼리는 작가들의 엄숙주의에서 벗어나 대중성에 기반한 미학을 추구하고 창조하였다. 현대의 우피치에서 가장 인기 있는 작가라는 사실이 이를 웅변한다.

◆
티치아노의 〈우르비노의 비너스〉
19세기에 프랑스의 마네 등 여러 작가들이 〈우르비노의 비너스〉와 같은 포즈를 취한
여성의 나신을 그리기도 하였다.

티치아노의 〈우르비노의 비너스〉

티치아노 1488~1576의 〈우르비노의 비너스〉를 보고도 같은 생각이 들었다. 이 작품은 여성의 나체를 그대로 보여주고 있다. 작품 속의 여성은 옷을 벗은 채 고혹적인 자세로 침대에 누워 관객을 응시하고 있다. 두 눈은 관람객을 유혹하는 듯하고 몸매는 부드럽고 탄력 있다. 아름답고 섹시하다. 뒷배경에 나오는 하녀들의 의상을 현대적으로 바꾸어 놓는다면 현대에 그린 그림이라 해도 손색 없다. 여성의 나신을 이처럼 아름답게 그려내는 화가가 또 있을지 의문이다. 이 작품이 완성된 때가 1534년, 티치아노가 46세 때였다.

시대가 바뀌면 사람도 바뀌는 법이다. 중세의 화가들은 주로 로마 가톨릭 교단에 고용되어 종교화를 그리면서 사람들을 계몽하였다. 요즘으로 말하면 관변 지식인들이라고도 할 수 있겠다. 중세의 로마 가톨릭에게는 여성의 나체는 남성을 유혹하여 타락으로 이끄는 사탄의 도구였다. 머리에서 발끝까지 덮어 씌워야 안전한 위험물이었다. 그런데 르네상스 시대가 되면서 보티첼리나 티치아노처럼 새로운 미학을 찾은 화가들이 여성의 육체가 얼마나 아름다운지를 사람들에게 깨닫도록 하였다.

우피치 미술관 3층 복도 끝에는 유명한 로마시대의 조각 〈라오콘 군상〉이 전시되어 있다. 이 조각은 16세기에 만든 복제품이다. 로마

시대의 원형은 바티칸 박물관에 있다. 이곳에 전시된 조각들은 대부분 그리스 로마시대에 제작된 것들이다. 르네상스 시대의 작가들이 사라진 부분들을 새로 만들어 붙이고 훼손된 부분을 복원하였다. 복원한 시기가 15세기인 것들도 있다. 우리로서는 이들의 예술에 대한 관심과 애정을 따라가기가 어렵다.

이런 조각들을 하나하나 보고 있노라면 시간이 가는 줄 모르게 된다. 바쁜 여행자들은 중요한 작품들만 대충 보고 스마트폰으로 기념사진 한 장 찍고 자리를 뜰 수밖에 없다. 미술관 3층에서 1층으로 내려오니 놀라운 작품들이 몰려 있었다.

카라바조의 〈메두사〉

제일 먼저 눈에 들어온 작품이 잘린 목에서 피가 철철 흐르는 〈메두사〉이다. 바로 카라바조가 1597년에 그린 작품이다. 메두사는 그리스 신화에 나오는 여성 괴수이다. 머리털이 모두 뱀이다. 누구든 메두사의 눈과 마주치면 그 자리에서 돌이 되어 굳어 버린다는 전설이 있다. 영웅 페르세우스는 메두사의 목을 잘라 방패로 이용하였다. 카라바조의 〈메두사〉도 방패 모양의 원형 목판에 그려진 유화이다.

로마에서 프란체스코 델 몬테 추기경이 메디치 가문에 선물로 전

◆
카라바조의 〈메두사〉는 유리함 안에 들어 있는 채로 전시되고 있다.

달하기 위하여 카라바조에게 제작을 의뢰하였다. 메두사는 방금 참
수당한 듯하다. 잘린 목에서 붉은 피가 분출한다. 충격과 공포 때문
에 눈을 크게 뜨고 숨이 막히는 듯 입을 크게 벌리고 있다. 참수당한

메두사의 머리가 리얼하다 못해 관람객을 공포에 질리게 만든다. 그러나 보면 볼수록 눈을 떼지 못하게 만든다. 공포가 주는 마력이다.

로마의 고위 성직자가 메디치 가문에 줄 선물용으로 제작을 의뢰했는데 어떻게 이처럼 폭력적인 내용을 담을 수 있었을까? 카라바조는 머리속에 터부가 없는, 참으로 자유로운 예술혼의 소유자이다. 보티첼리와 만년의 티치아노가 미술에서 종교적 엄숙주의를 벗어난 아름다움이라는 신세계를 열었다면, 카라바조는 그림은 무조건 아름다워야한다는 통념을 깨고 폭력과 공포라는 금기를 캔버스에 들여놓았다. 〈메두사〉의 얼굴은 카라바조의 얼굴이다. 영화로 치면 감독, 촬영, 주연을 동시에 한 셈이다.

아르테미시아 젠틸레스키의
〈홀로페르네스를 참수하는 유디트〉

카라바조의 직접적인 영향을 확인할 수 있는 작품들이 바로 옆에 전시되어 있다. 〈메두사〉 옆에는 루벤스, 귀도 레니, 젠틸레스키 등의 참수화가 있다. 그 중에서 역시 눈에 확 띄는 작품이 여류화가 아르테미시아 젠틸레스키1593~1656의 〈홀로페르네스를 참수하는 유디트〉이다. 유디트는 구약성서 외경에 나오는 유대인 여성으로 아시리아의 적장 홀로페르네스를 유인하여 목을 벤 전설의

아르테미시아 젠틸레스키의 〈홀로페르네스를 참수하는 유디트〉
유디트는 강간당한 작가 젠틸레스키, 목이 잘리는 홀로페르네스는 강간범 타씨의 얼굴이다.

여성 영웅이다.

많은 화가들이 이 전설을 화폭에 담았지만 젠틸레스키의 그림은 남다른 사연을 담고 있다. 젠틸레스키는 18세 때 타씨라는 그림 선생에게 강간당했다. 젠틸레스키 부녀는 타씨를 고소했다. 당시 재판의 초점은 젠틸레스키가 처녀였는가의 여부였다고 한다. 타씨는 로마에서 추방되긴 했지만 아무런 형벌도 받지 않았다. 반면 젠틸레스키는 증언의 진실성을 의심하는 조사관들로부터 손가락을 짓이기는 고문을 당했다.

이러한 참혹한 기억을 갖고 있는 젠틸레스키는 몇 년 후인 1620년에 〈홀로페르네스를 참수하는 유디트〉를 완성하였다. 카라바조의 1598년 작품을 상당 부분 모방하였다. 홀로페르네스의 목에서 침대 시트 위로 떨어지는 낭자한 피는 카라바조의 분명한 영향이다. 젠틸레스키는 목이 잘리는 홀로페르네스의 얼굴에는 강간범 타씨의 실제 얼굴을 그려넣었다. 유디트는 자신의 얼굴로 그렸다. 아무런 처벌도 받지 않은 강간범에게 예술을 통해 천 년의 보복을 한 셈이다.

그림에서 결의에 찬 유디트의 표정과 굵고 힘이 넘치는 팔뚝, 그리고 유디트를 도와 적장을 누르는 하녀의 모습은 여성의 압도적인 힘과 결의를 과시한다. 그림을 그리는 젠틸레스키의 분노가 오랜 세월이 지나서도 생명력을 유지하고 있다. 이전까지의 수없이 많은 성모마리아 그림들에서 보였던 모성의 상징으로서의 여성상이라는 통념을 벗어난 작품이다.

◆
루벤스의 〈유디트〉

옆에 걸린 루벤스의 같은 제목의 그림과는 비교가 되지 않는다. 루벤스가 그린 유디트와 하녀는 참수한 목을 들고 담으면서도 차분하고 침착하다. 옷차림도 단정하다.

우피치 미술관에서 로마시대의 조각에서 중세의 종교화, 그리고 많은 르네상스 명작들을 보았다. 명작들을 보다보면 시대의 변화와 인간성의 변화를 직접 눈으로 확인할 수 있다. 인간과 시대가 변화한다는 사실이 인류의 희망이다. 작품들 앞에 서서 조금 더 살펴보고 싶었지만 시간 때문에 마음껏 감상하지 못한 점이 몹시 아쉬웠다.

이탈리아 명예의 전당 산타 크로체 성당

미켈란젤로는 로마에서 성 베드로 대성당의 돔 지붕을 설계하고 시스틴 성당에 인류의 예술을 대표할만한 프레스코화 〈천지창조〉와 〈최후의 심판〉을 제작하였다. 그는 로마에서 숨을 거두면서 사랑하는 피렌체로 돌아가게 해달라고 당부하였다. 미켈란젤로의 유해가 묻힌 곳이 산타 크로체 성당이다.

산타 크로체 성당은 프란체스코 수도회의 가장 오래된 성당이다. 1294년 착공되었다. 외벽의 대리석에는 두오모처럼 줄무늬가 가지런하다. 나중에 보수를 거듭하면서 추가되었다. 이 성당의 전면부에는 유대인의 상징인 육각형 다윗의 별이 있다. 19세기에 성당의 보수를 담당한 유대인 건축가가 설치하였다.

산타 크로체 성당 내부에는 아름다운 벽화가 많이 있다. 조토를 비롯한 저명 예술가들의 작품이다. 특히 제단 오른편의 십자가 연작이 눈길을 끌었다. 여유가 있다면 감상하면서 성경 이야기와 비교해 보고 싶지만 다른 볼거리도 많아서 눈을 돌릴 수밖에 없다.

이탈리아 명예의 전당이라고 불리는 산타 크로체 성당
미켈란젤로, 마키아벨리, 갈릴레오 등 위대한 인물들의 묘지가 자리 잡고 있다.

성당 내부에는 이탈리아 명예의 전당이라고 불릴 정도로 유명 인사들의 묘지가 많다. 미켈란젤로의 묘는 대 예술가에 걸맞게 화려하다. 미켈란젤로 얼굴 조각상이 가운데, 그 아래에는 비탄에 잠겨 앉아 있는 여성들의 조각상이 있다. 위에는 십자가에서 내려진 직후의 예수의 모습을 그린 벽화가 있다. 피렌체 사람들이 미켈란젤로를 추모하면서 부활의 안식을 기원하는 듯하다.

산타 크로체 성당에는 유명한 정치사상가 마키아벨리의 무덤도 있다. 마키아벨리는 이탈리아에 뛰어난 지도자가 출현하기를 염원하며 쓴 《군주론》 때문에 권모술수나 권력정치를 상징하는 인물이 되었다. 그러나 당시에 이탈리아에서는 여러 도시국가 등이 경쟁을 벌이고 있었다. 마키아벨리는 정치가 실제로 어떻게 이루어져 왔는지를 통찰하고, 권모술수가 난무하던 당시의 이탈리아의 현실에 걸맞은 대안을 제시하였다.

한참 뒤의 사람들이 그에게 권모술수의 대명사라는 오명을 뒤집어씌우는 것은 불공평한 처사이다. 마키아벨리를 비난하는 정치인들을 향하여 "어두운 밤을 횡행하던 도둑들이 가로등이 환하게 켜져 정체가 드러나게 되자 가로등을 욕하는 격"이라고 비판한 영국의 정치학자 화이트헤드의 평가가 적절하다.

마키아벨리의 무덤 위에는 정치를 상징하는 여신이 오른손에는 마키아벨리의 얼굴이 새겨진 메달을, 왼손에는 정치·역사·시詩를 각각 상징하는 물건들을 들고 있다. 그의 묘비명에는 "이 위대한 인물

◆
산타 크로체 성당의 아름다운 제단화
중앙의 십자가는 조토의 작품이다.

미켈란젤로의 묘

마키아벨리의 묘

단테의 가묘

에 걸맞은 묘비명은 없다."라고 적혀 있다.

천문학자 갈릴레오 갈릴레이1564~1642의 무덤도 있다. 피렌체가 지배하던 피사에서 태어난 갈릴레오는 지동설을 주장하다 로마 교황청의 종교재판을 받고 가택연금을 당했다. 무덤에는 왼손으로는 지구의를 붙잡고, 오른손으로는 망원경을 들고 고개를 들어 멀리 있는 별을 관측하는 갈릴레오의 반신상이 설치되어 있다.

산타 크로체 성당에 시신은 안치되지 않았지만 가묘가 있는 경우도 많다. 대표적인 인물이 《신곡》의 저자인 시인 단테이다. 단테는 피렌체에서 발생한 내전에서 패배한 편에 가담하여 죽을 때까지 고향에 돌아가지 못하였다. 그의 시신은 라벤나에 묻혔다. 나중에 피렌체당국이 그의 시신 인도를 요청하였으나 거부당했다. 피렌체 사람들은 산타 크로체 성당에 성대한 가묘를 만들어 단테를 기리고 있다. 뿐만아니라 산타 크로체 성당 앞에 커다란 단테의 동상을 설치하였다.

파치 예배당

산타 크로체 성당은 바로 옆에 붙어 있는 파치 예배당으로 이어진다. 부유한 은행가인 파치 가문은 십자군에 참가하여 예루살렘에서 성물聖物을 가져왔다고 한다. 1478년 메디치 가문을 축출하려는 쿠데타를 시도했으나 실패하여 주모자들은 대부분 처형

파치 예배당 내부 천장
불에 구운 도자기로 만든 성자상들로 장식되어 있다.

당했다. 남은 사람들도 모두 추방되었다. 파치 가문 사람들은 단테의 《신곡》에서는 지옥에 사는 것으로 언급된다. 나중에 피렌체에 공화정이 실시되었을 때 복귀하였다.

파치 예배당은 피렌체에서 메디치 가문 다음으로 부유한 집안의 예배당이다. 정면과 돔의 모양이 피렌체의 다른 성당들과는 다르다. 실내에 들어가면 천장에 불에 구운 도자기로 성자상들을 장식한 것이 매우 이채롭다. 프란체스코 수도사들에게 걸맞게 소박하지만 매우 아름답다. 르네상스 건축물들 가운데 인테리어가 가장 조용한 곳이다.

산타 크로체 성당 앞 광장은 피렌체에서 가장 아름다운 광장이라는 생각이 든다. 명품점으로 가득하여 인파가 들끓는 피렌체 중심가 광장들에 비하면 조금 여유가 있다. 널찍한 광장 주변을 오래된 건물들이 감싸고 있다. 주변 건물들 외벽에는 오래된 벽화들이 지워져 가고 있다. 성당 티켓을 사려고 줄을 서는 동안 감상하기 좋다.

산타 크로체 성당과 파치 예배당을 보고 피렌체 시내 전경을 내려다볼 수 있는 미켈란젤로 광장으로 향했다. 아르노 강의 폰테 알레 그라치에 다리를 건너서 10여 분만에 걸어서 갈 수 있다. 입구에 오르막 계단을 5분쯤 걸어서 올라가면 미켈란젤로의 〈다비드 상〉 복제품이 설치된 광장이 나온다. 이곳에서 피렌체 시내를 바라볼 수 있

미켈란젤로 언덕에서 바라본 피렌체 전경
왼편에 아르노 강 위에 놓인 베키오 다리가 보인다.
그 오른편으로 베키오 궁전, 조토의 종탑, 두오모 등이 차례로 솟아 있다.

미켈란젤로 언덕의 〈다비드 상〉

다. 붉은 돔 지붕 건물들과 석조 건물이 많기 때문인지 전체적인 색
조가 붉다. 여기에 해가 질 때 붉은 노을을 배경으로 하는 시내 전
망이 뛰어나다. 피렌체에 어둠이 내리기를 기다렸다가 버스를 타고
숙소로 돌아왔다.

DAY 8

바다에서 바라본 친퀘테레

피렌체에 가면 피사의 사탑 관람이 거의 필수 코스이다. 피렌체에서 기차를 타고 갈 수 있는 중세풍의 도시들은 피사 이외에도 시에나, 루카 등이 있다. 나는 사실은 루카에 가고 싶었다. 루카가 가장 오랫동안 공화정을 실시한 도시였기 때문이었다. 조금만 서두르면 루카와 피사를 하루에 돌아볼 수도 있었다.

그런데 아내가 중세 도시를 바삐바삐 걸어 다니는 일은 너무 힘들다고 하였다. 사실 피렌체에서는 미켈란젤로 광장에서 숙소로 돌아올 때 한 차례를 제외하고는 모두 걸어 다녔다. 볼만한 장소들이 모두 시내에 모여 있었기 때문이었다. 걸어 다니면서 길가의 건물들을 바라보다 보면 어느새 두오모도 나오고, 아르노 강에 이르게 되고, 단테의 집도 나오고 미처 몰랐던 오래된 성당이나 명품박물관 등이 나온다.

피렌체는 명품의 고향이기도 하다. 시내의 웬만한 좋은 건물들이나 오래된 궁전들은 모두 명품점이다. 우리가 아는 명품점들도 많고 몰랐던 브랜드도 많다. 사람들이 몰리는 시내나 베키오 다리 부근의 크고 작은 가게들은 모두 나름대로의 이름을 내걸고 명품을 팔고 있다. 여성들이라면 아이쇼핑만 하더라도 군침이 돌게 된다. 그리고 그 많은 명품점들을 보고 다니면서도 단 하나의 명품을 사지 못한 다면 조금이라도 화가 치밀 수밖에 없다. 아내도 이런 저런 명품 숍에 들렀지만 구경만 하였다. "명품도 젊었을 때 들러야 명품"이라는 것이 아내의 지론이다. 그러나 젊었을 때에는 나중에 돈 벌어 산다고 생각하고 사지 못하였다. 다리가 아프도록 시내를 관광하고 그 흔한 명품 하나 챙기지 못한 아내는 중세 도시들보다는 자연경관을 보고 싶다고 하였다.

이탈리아의 중세 도시들은 가보지 못했을 때에는 로망이다. 그런데 몇 군데 다녀 보면 결국은 골동품 감상과 비슷하다. 건물들이나 벽화들이나 대가들의 작품이 아니라면 대개는 비슷비슷하다. 관광객들의 물결 속에서 한번 흘깃 바라보고 스마트폰으로 셀카 찍고 기념으로 군것질이나 한다. 피사, 루카 같은 도시들도 가보면 너무 좋겠지만 할 일은 성당과 벽화를 보는 일이다. 중세에 건축된 성당들은 옛날의 신비를 잃어버린 지 오래고, 인간들을 훈계하던 벽화들은 시간의 파도에 휩쓸려 빛이 바랬다. 아무리 애정과 흥미를 가지고 보려 하여도 계속 보다 보면 마음이 무거워지지 않을까.

게다가 피렌체 같은 대단한 도시를 보고 인근의 작은 도시들을 보면 감흥이 일어나기 어려울 것 같다. 그래서 우리는 지중해에 인접한 절벽 마을들인 친퀘테레를 가기로 하였다. 친퀘테레는 지중해 절벽에 옹기종기 붙어 있는 다섯 마을이다. 피렌체에서 가까운 순서대로 하면 리오마조레, 마나롤라, 코르닐리아, 베르나차, 몬테로소 등이다.

피렌체에서 이곳에 가려면 기차를 세 차례 타야 한다. 먼저 피렌체에서 피사로 간 다음, 피사에서 라스페치아로 가는 기차로 갈아탄다. 그 다음 라스페치아에서 친퀘테레의 5개 마을만 다니는 열차를 탄다. 우리는 아침 9시를 전후하여 피렌체 산타 마리아 노벨라 역에서 출발하였다. 기차를 두 차례 갈아탄 다음 라스페치아 역 1번 출구 앞 가게에서 친퀘테레로 가는 열차표를 샀다. 당일치기로 다녀야 하는 만큼 시간을 절약하기 위하여 기차를 타고 친퀘테레의 가장 북쪽인 몬테로소까지 가기로 하였다.

라스페치아에서 몬테로소까지의 기찻길 구간은 대부분 절벽을 뚫어 건설되었다. 기차를 타고 가면 간간히 지중해 바다도 보이지만 상당 부분 캄캄한 터널이다.

몬테로소 해변에서 많은 관광객들이 해수욕을 즐기고 있다.

바다에서 배를 타고 가며 바라본 친퀘테레의 한 마을

몬테로소는 지중해의 해수욕장이다. 바닷가에서 일광욕을 즐기는 젊은 남녀들이 아주 많다. 어느덧 점심 때가 지나 배도 고파져서 해변에 위치한 식당에서 생선튀김과 해산물스파게티를 먹었다. 식당 문 앞에 영어로 '신용카드 사절!'이라고 적혀 있다. 다행히 그리 비싼 가격은 아니었다.

돌아갈 때 다시 기차를 타자니 터널 속으로만 지나는 셈이다. 나는 친퀘테레의 첫 마을인 리오마조레까지는 배를 타고 가면서 바다에서 마을이 있는 해안풍경을 감상했다. 기차를 탔으면 이 아름다운 친퀘테레의 진면목을 영영 보지 못했을 것이다.

원래부터 푸른 빛깔의 지중해 바다는 구름 한 점 없는 9월의 푸른 하늘 아래에서 더욱 푸르른 것 같다. 친퀘테레의 5개 마을들은 바다를 향한 경사 언덕에 자리 잡고 있다. 절벽 사이사이 작은 배들을 맬 수 있는 아주 작은 틈에 사람들이 살고 있다. 인간의 강인한 적응력과 생존력이 만든 마을들이다. 친퀘테레에 사는 사람들은 지중해의 푸른 바다가 일터이고, 뱃길이 소통의 수단이었을 것이다. 몬테로소에는 돌로 쌓은 높은 전망탑도 있다. 과거에는 해적의 침략을 경계하는 요새였겠지만 지금은 관광객을 위한 전망 좋은 식당으로 사용된다.

끝없는 푸른 바다를 일터로 살아가는 사람들이 만들어 놓은 마을들. 배를 타고 가면서 바다에서 바라보니 친퀘테레의 진면목이 나오는 듯하다. 절벽 사이마다 있는 마을들이 자연경관의 일부를 이룬다. 마을에 가까이 가보면 돌로 지은 집들이 마치 판잣집처럼 허름하다. 그러나 절벽 틈에 자리 잡은 집들은 오랜 세월이 지나는 동안 절벽의 일부를 이루는 것처럼 자연스럽다.

지중해와 절벽으로 된 자연의 한 구성 요소로 인간의 마을이 들어 있다. 멀리 바다에서 보면 볼수록 풍경의 일부를 차지하고 있는 마을들이 이질적이라는 느낌을 전혀 주지 않는다. 푸른 바다와 숲으로 덮인 절벽 사이에 하얀 마을이 불규칙한 형태로 자리 잡고 있다. 다양한 색깔은 아니지만 묘하게 컬러풀하고 회화적이다.

바다에서 보는 친퀘테레를 아내가 매우 좋아한다. 나도 덩달아 뭔가 해 준 것 같아서 기분이 좋았다. 즐거운 하루였다.

피렌체 메디치 가의 영광

산타 마리아 노벨라 성당

피렌체에서 머무는 마지막 날이다. 피렌체에 자리한 수많은 예술
품들 가운데 건축물들을 중심으로 감상하기로 하였다. 피렌체 역
앞에 있는 산타 마리아 노벨라 성당부터 들렀다.

산타 마리아 노벨라 성당

피렌체 역의 이름은 피렌체 산타 마리아 노벨라이
다. 역에 도착하면 바로 눈에 띄는 건물이 산타 마리아 노벨라 성당
이다. 이 성당이 피렌체의 첫인상을 결정한다. 피렌체에서 가장 오래
된 성당이며 프란체스코 수도회의 본당이다. 정면 외벽에 사각형 줄
무늬들이 이어지는 모습이 두오모나 이곳의 다른 성당들과 비슷하
다. 고딕식 건축물이지만 밀라노의 두오모처럼 날카로운 긴장감이
감도는 분위기는 아니다. 상부의 삼각 지붕은 로마 판테온의 전면부
의 삼각 지붕을 본 떴다.

내부로 들어가면 뛰어난 작품들이 많다. 르네상스 시대 대가들의 작품들이다. 가장 유명한 작품은 마사치오^{1401~1428}의 1427년 작품 〈성 삼위일체〉이다. 이 작품은 근대적인 원근법이 사용되기 시작한 초창기의 작품이다. 성부의 머리 위에 아기천사가 구름 위를 나는 상상 속의 천국이 아닌 인공적인 천장을 배치하여 원근법을 살리고 있다. 그림 아래 부분의 석관에 놓인 해골 위에는 이탈리아어로 "나도 한때는 너희들 같았지만, 너희들도 곧 나처럼 되리라."라고 씌여 있다. 누구든 이 성당에 들어오면 해골을 보고 미래에 닥칠 죽음을 생각하며 두려워 하라고 하는 것 같다. 그리고 리얼하게 그려진 마사치오의 〈성 삼위일체〉를 보며 구원에 대한 믿음을 갖도록 격려하는 것 같다.

중앙 제단 오른편에 있는 스트로치 경당 제단화에는 예수가 성모 마리아로부터 받은 천국의 열쇠를 사도 베드로에게, 지혜의 책은 도미니크 수도사이자 철학자인 토마스 아퀴나스^{1225~1274}에게 각각 선사하는 그림이 있다. 뒤의 스테인드글라스에는 교회를 바치는 토마스 아퀴나스의 형상이 들어 있다. 왼쪽 벽에는 천국을 나타내는 벽화가 있다. 머리에는 황금빛 후광이 있는 천사와 성자들이 질서정연하게 서 있다. 오른편 벽에는 지옥과 연옥이 있다. 흐릿해서 형태가 분명치는 않지만 고통과 형벌을 역동적으로 표현한 그림들이 담겨 있다.

중앙 제단 앞 공중에 떠 있는 십자가는 조토의 작품이다. 예수의

중앙 제단

중앙 제단 위의 프레스코화는 미켈란젤로의 스승인 도메니코 기를란다요(1448~1495)의 작품이다.
왼쪽 벽에는 성모 마리아, 오른쪽 벽에는 세례 요한에 관한 내용들이 있다.

스트로치 경당 제단화
예수가 사도 베드로에게 천국 열쇠를, 아퀴나스에게는 지혜의 책을 각각 선사하고 있다.

스트로치 경당 왼편 벽의 프레스코화 〈천국〉 　　　스트로치 경당 오른편 벽의 프레스코화 〈연옥과 지옥〉

스페인 예배당의 벽화

몸을 해부학적으로 그려냈다. 이 성당 지하 부분은 오래된 묘지이다. 좌우의 벽에도 벽화가 채워져 있다.

산타 마리아 노벨라 성당의 여러 예배당 가운데 스페인 예배당에는 도미니크 수도회의 교리를 표현한 벽화가 있다. 이 벽화는 1365년부터 10년간 제작되었다. 벽화에는 중앙 왼편에 커다란 핑크색 성당이 있다. 두오모 당초의 설계를 보여주는 자료이다. 성당 오른편에는

산타 마리아 노벨라 성당의 저변은 과거의 묘지이다.

지상의 삶과 나태한 삶, 그리고 깨달음을 통해 천국으로 가는 도미니크 수도회의 교리가 표현되어 있다.

맨 오른편에는 이단의 상징인 늑대가 있다. 그 오른쪽의 성 베드로는 이단을 비판하고, 성 토마스 아퀴나스는 지혜의 책으로 설득하고 있다. 바로 위에는 예수를 저버린 사람들의 삶의 모습이다. 매를 들고 있는 남자는 자만심, 원숭이를 안고 있는 여자는 성욕, 심각하게 고민하는 듯한 남자는 탐욕을 상징한다. 바로 아래 사람들이 춤추는 광경은 쾌락을 탐닉하는 인간을 상징한다. 사람들이 나무에 올라가 금단의 열매를 따먹는 그림도 있다. 그 왼편에서 무릎 꿇고 회개한 사람들을 성 도미니크가 천국의 문으로 인도하고, 베드로 성인이 환영하는 장면이다. 맨 위에는 모두가 예수를 대하고 있는 천국의 상징이다.

이 방에는 로마법전을 완성한 유스티니아누스 황제, 고대 그리스 철학자 아리스토텔레스, 기하학자 유클리드 등 학자들의 모습을 그린 벽화도 있다. 고대부터 쌓아온 인류의 지혜를 존중하고 소중히 여기는 수도사들의 자세가 돋보인다.

메디치 궁전

피렌체를 약 5백 년간 지배한 메디치 가문은 르네상스의 가장 큰 후원자였으며, 최고의 예술품 수집가이기도 하였다. 메디치 가문이 지배하던 15세기 피렌체는 양모 등 직물공업이 발달한 부유한 지역이었다. 메디치 궁전과 메디치 영묘는 메디치 가문의 권세와 영화를 드러내는 뛰어난 건축물들이다. 메디치 궁전은 1444년 코시모 메디치가 짓도록 하였다. 메디치 가문은 이 궁전에서 살며 주요 국사를 결정하였다. 미켈란젤로도 14살 때부터 메디치 궁전에서 양자처럼 살며 영재교육을 받았다.

3층짜리 메디치 궁전은 밖에서 보면 검소해 보인다. 얼핏 궁전이라 기보다는 미국 월가에 있는 금융회사 건물 같기도 하다. 1층 외벽은 울퉁불퉁한 화강암이 그대로 노출되어 있어 친근하면서도 강인한 인상을 준다. 2층과 3층은 잘 정돈된 아치형 창문들이 설치되어 있다. 2~3층으로 갈수록 층고가 조금씩 낮아지기 때문에 밑에서 보면 3층 건물치고는 꽤 높아 보인다.

현대 금융회사처럼 보이는 메디치 궁

◆
메디치 궁 정원에 설치된 오르페우스 조각상

　　건물 내부로 들어가면 1층에는 그리스 신화에 나오는 음유시인 오르페우스 조각상이 관람객들을 반긴다. 반디넬리의 1515년 작품이다. 정원을 지나 넓은 계단을 올라가면 나오는 2층이 주 생활공간이다. 2층의 방에는 아름다운 천장화나 크고 작은 벽화들이 설치되어 있다. 벽화나 천장화는 어느 성당 못지않다. 장식물 하나하나가 정교한 예술이다.

메디치의 당당한 행차가 그려진 벽화
머리에 왕관을 쓰고 말을 타고 가는 인물이 코시모 메디치이다.

필리포 리피1406~1469의 걸작 아기 예수를 안은 성모상은 유리 케이스 안에 넣어져 전시되고 있다. 여덟 살 때 고아가 된 리피는 수도원에서 자라났다. 수도사가 되었지만 그림에 타고난 재능을 가지고 떠돌며 살았다. 가난을 벗어나지 못한 리피는 돈 때문에 여러 가지 범죄에 연루되기도 하였다. 나이 50살이 넘어서는 그림의 모델이었던 어린 수녀 루크레치아 부티와 동거하며 10년을 살다 세상을 떠났다. 리피가 그린 성모 마리아는 대부분 루크레치아의 모습이라고 한다.

나는 유리상자 안에 소중하게 보관된 리피의 만년의 작품 〈성모와 아기〉를 찬찬히 살펴보면서 루크레치아의 모습을 상상해 보려 하였다. 마리아의 얼굴에서는 성스러움보다는 따뜻한 모성애가 드러나고 있었다. 마리아와 아기가 진하게 뺨을 부비고 있다. 어머니와 아기는 서로를 완강하게 부둥켜안고 있다. 보통의 성모상은 마리아가 아기 예수를 가슴에 안고 있는 형상이다. 그러나 이 그림에서는 마리아와 아기가 뺨을 부비고 있는데, 접촉면이 아주 넓다. 마리아와 아기는 이마에서 턱까지 서로 온 얼굴을 부비고 있다. 마리아는 왼손으로 아기의 뒤통수를 힘껏 밀어 자신의 뺨에 붙이고 있다. 어머니는 아기에게 가지고 있는 사랑을 모두 전해 주고 있는 것 같다. 아기는 어머니의 사랑을 놓치지 않겠다는 듯 얼굴을 어머니에게 최대한 밀착하고 있다. 그리고 짧은 팔과 손가락으로 어머니의 품을 떠나지 않겠다는 듯 어머니의 목을 감싸고 있다. 배가 통통하게 나온 아기는 윗도리만 입고 있다. 어머니의 손길이 떠나서는 안 되는 나이이다.

필리포 리피의 성모상
다른 성모상들과 달리 모자가 한껏 부둥켜안고 있는 모습이다.

커다란 눈동자는 마치 어머니로부터 사랑받는다는 사실을 자랑하는 듯하다.

　그림을 바라보던 나는 갑자기 눈물이 왈칵 쏟아져 나올 것만 같은 충동을 느꼈다. 그림 속의 아기는 바로 어머니를 잃은 리피 자신이고, 성모는 리피가 평생 그리워하던 어머니의 모습이라는 생각이 들었기 때문이었다. 어릴 때 부모를 잃은 리피는 남자들만 사는 수도원에서 자라났다. 그림을 잘 그려 칭찬을 받았겠지만 고아이기에 매우 외롭기도 하였을 것이다. 그럴 때마다 희미하게 남아 있는 어머니에 대한 그리움이 사무치지 않았을까.

　그림 속의 마리아는 루크레치아가 아닌 리피의 어머니 같았다. 노년이 되어서도 어머니와 뺨을 진하게 부비며 사랑을 받고 싶어 하는 리피. 그가 평생을 방황하며 갈구한 대상은 어머니의 사랑이 아니었을까. 리피가 반한 어린 수녀 루크레치아의 모습에서 리피는 기억 속에 어렴풋이 남아 있는 어릴 때 본 어머니의 모습을 발견한 것은 아니었을까? 이 그림은 어릴 때 어머니를 잃은 고아 리피가 늙어서 쓴 '사모곡思母曲'이었다.

메디치 영묘

산 로렌초 성당은 메디치 가문의 가족 성당이다. 메디치 가문도 죽으면 성당에 매장되었다. 그런데 메디치 영묘에 가려면 따로 입장료를 내야 한다.

메디치 영묘에 들어가면 8각으로 된 장엄한 실내가 나온다. 실내 벽은 울긋불긋한 대리석 문양으로 치장되어 있다. 높이 60m에 8각을 이루는 각 벽면마다 메디치 가 인물들의 석관이 설치되어 있다. 그 중 두 석관 위에는 검은 색의 커다란 인물 조각이 자리 잡고 있다. 허공에 떠 있는 듯한 조각상이 장엄하기 이를 데 없다. 인물의 자세나 옷의 주름살이 마치 살아 있는 듯하다. 죽어서도 지상의 인간들을 지배하는 듯 생동감이 있는 자세이다. 이 영묘는 17세기에 제작된 것이다.

그보다 앞서 1520년대에 피렌체에 귀환한 메디치 가문은 재집권 기념으로 가문의 권위와 영광을 드러내는 장엄한 영묘를 조성하였다. 메디치 가문 출신의 교황 레오 10세와 클레멘트 7세는 아버지 로렌초 메디치 밑에서 함께 살았던 미켈란젤로에게 이 작업을 의뢰하였다.

미켈란젤로는 피렌체 공화정을 지지하며 1504년에 피렌체 시민들에게 바치는 〈다비드 상〉을 제작하였다. 미켈란젤로는 작업을 의뢰한 교황들과는 피를 나누지는 않았지만 의형제지간이다. 정치적인 입장을 달리한다는 이유로 영묘의 조성을 거부할 수는 없는 노릇이었다.

◆
8각으로 된 장엄한 메디치 영묘
17세기에 건축되었다.

미켈란젤로는 형제들의 요청에 따라 메디치 가문의 영묘를 제작한다. 하지만 그들의 요구대로 메디치 가문의 영광과 권위를 드높이는 설계가 아닌 권력의 무상함을 드러내는 내용으로 작업을 진행하여 명품 조각을 남긴다. 이 영묘는 전체 실내가 하나의 조각이라는 평가도 나온다. 천장은 로마에 있는 판테온과 흡사한 돔이다.

미켈란젤로의 조각상이 설치된 묘지의 주인은 미켈란젤로와는 개인적인 친분이 없는 사람들이다. 무덤이라는 생각을 버리고 미켈란젤로의 삶과 죽음에 대한 철학을 묵상해야 한다. 두 개의 무덤에는 〈밤〉과 〈낮〉, 〈새벽〉과 〈황혼〉이라는 조각상들이 각각 설치되어 있다. 조각상 제목들은 시간의 흐름을 의미한다. 모두 미켈란젤로가 1519년부터 5년간 설계하고 제작하였다.

〈밤〉은 벌거벗은 여성이 누워 있는 모습이다. 여성의 왼팔은 뒤로 심하게 꺾여 있다. 일어나려 하지만 과연 일어날 수 있을까 하는 정도로 기이하게 몸이 뒤틀려 있다. 그녀의 풍만한 유방과 매끈한 다리는 섹시한 인상을 준다. 이와 짝을 이루고 있는 조각 〈낮〉은 근육질의 남성이다. 얼굴의 모습을 보면 미완성이다. 이 남성 역시 꺾인 오른팔 때문에 일어나기 어려워 보인다. 두 조각 위에 있는 아름다운 외모에 멋진 남성상은 일어나려 하는 자세이다.

미켈란젤로의 〈밤과 낮〉

다른 편에 있는 〈새벽〉은 근육질의 남성이고 〈황혼〉은 여성이다. 두 조각 역시 일어날 것 같지 않은 나른하고 지쳐가는 자세이다. 두 조각 위에 있는 남성상도 앉아서 명상하는 모습이다.

미켈란젤로의 이 조각상들은 시간이 인간의 아름다움과 강인한 육체 모두를 빼앗아간다는 의미를 담고 있는 듯하다. 시간이 지나면 인간도 권력도 아름다움도 모두 무덤 속으로 들어가 영원한 잠에 빠

미켈란젤로의 〈황혼과 새벽〉

져든다는 무상함을 드러내고 있다. 미켈란젤로는 메디치 가문의 영
광을 드러내 달라는 의형제들의 주문과는 정반대의 의미를 가진 작
품을 만들었다. 삶과 권력의 무상함조차도 아름다운 인체 조각상을
통해 드러내는 미켈란젤로의 솜씨가 놀라울 따름이다. 미켈란젤로는
이 작품을 남기고 로마로 떠났다. 메디치 가문의 권력은 사라졌지만
권력의 무상함을 표현한 미켈란젤로의 예술은 남아 있다.

LORENZO IL MAGNIFICO E GIVLIANO DEI MEDICI

◆

로렌초 메디치의 묘지 위에 설치된 조각상들
가운데가 미켈란젤로가 제작한 성모상이다.

이곳에는 미켈란젤로의 양부였던 로렌초 메디치와 파치 가문의 쿠데타 당시 살해된 그의 동생 줄리아노 메디치의 묘지가 있다. 형제가 묻힌 묘지 위에는 3개의 조각상이 설치되어 있다. 그 중 가운데 작품이 미켈란젤로가 제작한 성모상이다. 이 작품들은 나중에 바사리라는 조각가가 설치해 놓았다.

시장

점심은 느지막이 시장 2층에서 먹었다. 투스카니 햄버거는 소고기 패치도 덜 익힌 '레어'로 나온다.

시내의 명품 박물관들을 이리저리 둘러보는데 아내가 마음에 들어 하는 무지개 문양 스카프를 발견하였다 카시미르로 된 피렌체 제품인데 400유로쯤 한다. 50만 원이 넘는다. 가게를 나오면서 아내가 "한번 걸쳐 보았다."며 "안 사기 잘했다."고 말한다.

피렌체에는 눈이 돌아갈 정도로 화려한 명품점들이 아주 많다. 명품만큼 남녀 간의 견해가 극명하게 갈리는 분야도 드물다. 여자는 갖고 싶어 하는 반면 남자들은 명품이 고가에 거래되는 것을 이해조차 하기 어렵다. 명품들 대부분은 이탈리아 장인의 손길이 아닌 중국의 값싼 노동력에 의해 제작된다며 부정적으로 바라보는 남성들도 많다.

젊은 커플이 피렌체를 여행하면 명품 구입 여부를 놓고 다투기 쉽다.

저녁은 스파게티와 시금치를 넣은 만두처럼 보이는 토르텔리를 먹었다. 식당 주인이 레몬첼로라는 술을 소주잔만한 잔에 한 잔 따라 주었다. 레몬으로 만든 노란색 독주이다. 알코올 도수가 30도나 되는 이 술은 식후 소화를 위하여 한 잔 마시는 '리쿼르'라는 종류이다. 이곳 사람들은 식후 샛노란 레몬 첼로 한 잔을 식탁 위에 올려놓고 한참을 이야기한다. 술보다도 대화와 술에서 나오는 레몬향을 즐기는 듯하다.

◆
피렌체는 소고기와 함께 가죽제품이 유명하다.
시장에는 가죽제품을 판매하는 가게들이 즐비하다.

DAY 10

영원한 로마제국

아침에 피렌체에서 기차를 타고 로마 테르미니 역에 도착했다. 로마에서는 4박을 하지만 하루는 티볼리를 가기로 했기 때문에 사실은 3박을 하는 셈이다. 세계에서 문화유산과 예술품이 가장 풍부한 도시가 로마이다. 제대로 감상하려면 최소한 1년은 살아야 한다는 로마에서 단 3일 동안 어떻게 다녀야 할지 고민했다. 첫날은 콜로세움을 시작으로 판테온까지 로마제국의 유적을 보기로 하였다. 그 다음 날은 바티칸, 그 다음 날은 티볼리의 정원, 그리고 4일째는 테르미니 역 부근의 유명한 성당들을 보기로 하였다.

콜로세움을 보려면 예약하라는 이야기가 많이 있었지만 오후 두 시에 지하철 타고 가서 30분간 줄을 서서 표를 산 뒤 바로 입장하였다. 사람이 많기는 하지만 인터넷으로 표를 예약할 정도는 아닌 것 같다. 유명 관광지들마다 넘치는 관광객들로 몸살을 앓는다는 뉴스가 거듭되다 보니 오히려 관광객이 줄어드는 게 아닐까 하는 생각도 든다.

사실 여행을 하면서 심신의 피로를 회복하려면 날씨 좋고, 풍광

좋고, 사람이 적은 곳에 가서 트래킹을 하든지 느긋하게 일광욕을 하는 게 더 나을지도 모른다. 젊은 사람들이라면 액티브한 스포츠를 즐기려 들 것이다. 역사나 예술과 같은 인문학이 대접받지 못하는 시대에는 유적지의 인파도 줄어드는 것 아닌지 모르겠다.

로마, 베네치아, 피렌체 등의 유적지에 관한 정보는 스마트폰으로 구글만 들여다봐도 얼마든지 있다. 컬러 사진이나 동영상도 많다. 유적에 관한 정보는 책이나 인터넷을 통해 얻고, 직접 여행을 할 때에는 해변에 가서 쉬며 맛있는 음식을 먹는 게 실속있는 힐링일 수도 있다. 돈 들여 비행기 타고, 여비와 식비 숙박비 등을 아껴가면서 입장료 내고, 발품 팔고 시간 들여가며 힘들게 실물을 직접 관람하는 이유는 무엇일까? 그것은 아마도 현실감이 아닐까 하고 생각해 본다. 인터넷에는 유적 사진이 무수히 많다. 사진을 360도로 회전시켜 볼 수도 있다. 하지만 질감을 느낄 수가 없으니 현실감이 없다. 사진과 실물의 차이는 크다. 이메일이나 온라인으로 문자나 사진을 주고받는 것과 사람들을 직접 만나서 이야기하는 것과의 차이 같다고나

할까?

그 사람과의 진정한 대화를 위해서는 직접 만나서 얼굴 표정과 몸짓, 말 한 마디 할 때마다의 표정의 변화를 파악해야 한다. 그래야 나도 생각하고 맞대응하면서 제대로 된 대화를 할 수 있을 것이다. 인간관계의 진정한 소통은 직접적인 만남을 통해서만 이루어진다. 오래된 유적이나 예술품들도 직접 찾아보면 옛 사람들이나 작가들과 대화하는 느낌이 들기도 한다. 사진으로는 잘 나오지 않는 평범한 부분이나 구석들을 보면 또 다른 감상을 갖게 되는 경우도 많다.

우리 몸의 건강을 위하여 일정한 영양소가 필요하다고 하여도, 우주 비행사처럼 탄수화물과 단백질, 지방을 알약으로 만들어 먹을 수만은 없다. 날로 먹든, 익혀 먹든, 입안에 넣고 씹어 먹어봐야 차후에도 제대로 된 먹거리를 찾아낼 수 있다.

유적지를 직접 찾는 일도 마찬가지 아닐까? 직접 찾아보면 유적과 주인공들의 질감이 느껴진다. 유적의 배경과 크기도 비교해 보고, 햇빛과 구름이 만들어 내는 음영도 살펴보고, 나의 감상도 더해지면 비로소 입체적으로 질감을 느껴볼 수 있다. 무엇보다도 직접 보면 그 유적을 이루고 있는 벽돌 한 장, 돌멩이 하나까지도 인류 최고의 지혜와 노력이 담겨 있다는 사실을 느끼게 된다.

지금 우리가 살고 있는 문명이 오랜 옛날부터 사람들이 벽돌을 힘들게 한 장씩 한 장씩 쌓아올리듯, 피땀 어린 지혜와 노력이 축적된 결과라는 사실을 깨닫게 된다. 오랜 세월을 견디고 살아남아 후대에 전해지는 문화의 요소는 무엇인지를 어렴풋이나마 생각해 볼 수 있다. 지금 사람들의 행위 가운데 어떤 것들이 역사를 이루는 구조물의 작은 벽돌이 되어 후세에 전해질 수 있을까도 생각해 볼 수 있다.

또 하나, 과거의 모든 위대한 건축물들을 바라보면 세월의 흔적을 절실히 느끼게 된다. 지난날의 영광을 지닌 모든 유적들도 아무리 완벽한 자태를 자랑하고, 아무리 많은 관광객들을 끌어들인다 하여도 지금은 생명이 빠져나간 폐허이다. 미켈란젤로가 메디치 가문의 영묘에 조각상 〈밤〉과 〈낮〉을 제작하여 시간의 흐름에 결국 권력도 마모된다고 경고한 의미를 다시 떠올려본다. 인간은 겸손하게 살아가야 할 뿐이라는 생각을 더욱 굳히게 된다.

이탈리아를 여행하면서 아내 덕분에 지하철에 숙달되었다. 나 혼자 다닌다면 그냥 걸어 다녔을 텐데, 아내가 걷기 힘들다고 해서 지하철을 타게 되었다. 아내는 밤마다 파스를 종아리와 발바닥에 붙이고 다닌다. 이 나라의 약국에서도 패치를 여러 차례 샀다. 아무튼 걷기 힘들어 하는 아내 덕분에 나도 편히 다닐 수 있었다. 로마의 지하철역에도 군인과 경찰이 경비를 서니 잡범들이 얼씬도 못하는 것 같다.

콜로세움

      도시 전체가 유적인 로마에서 어디를 제일 먼저 찾아봐야 할까. 고민 끝에 콜로세움을 먼저 찾기로 하였다. 콜로세움은 로마의 상징이다. 영화 〈글레디에이터〉와 〈스파르타쿠스〉로 잘 알려져 있을 뿐만 아니라 건축적으로도 뛰어나다. 그리고 콜로세움에서는 로마제국의 중심지였던 '포로 로마노'까지도 동시에 가 볼 수 있다.

    테르미니 역에서 지하철을 타고 콜로세움 역에서 내려 12유로에 표를 사서 입장하였다. 이 거대한 건축물을 거의 2천 년 전에 지었다는 게 믿겨지지 않는다. 직접 보니 주요 자재는 납작한 붉은 벽돌이다. 48m나 되는 4층으로 높이 쌓고, 8만 명이 입장하게 하려면 아주 튼튼하게 지어야 한다. 2천 년 전에 이러한 건축 기술이 있었다니 참으로 대단한 로마제국이었다.

    지금은 모두 사라졌지만 각 층마다 있는 많은 창문들마다 조각상이 설치되어 있었다. 콜로세움에서는 현재 이곳저곳에서 대규모 보수공사가 진행되고 있다. 2천 년 전 건축물의 잔해를 보존하기 위하여 21세기의 최신 기술을 이용한다는 점이 아이러니컬하다.

    콜로세움은 정치적 포퓰리즘의 산물이기도 하다. 콜로세움은 폭군 네로 황제 궁전의 연못이 있던 자리에 건설되었다. 네로를 이은 베스파시아누스 황제가 민심 수습을 위한 오락 제공을 목적으로 건설하였다. 이곳에서는 검투사들의 경기는 물론 해양 전투도 재현하였다. 가난한 백성들이 반정부 폭동을 일으키지 못하도록 오락을 제공하기 위한 방편이었다. 4층의 통로에서 내려다보니 경기장 옆에 하얀 대리석으로 만들어 놓은 원로원석이 있다. 로열석이다. 로마시대 콜로세움에서는 계급이 낮을수록 공연장에서 멀리 떨어진 높은 관중석에 앉았다.

아내는 내가 이 콜로세움에서 해양 전투도 재현했다고 하니깐 놀란다. 8만 명이 입장했다고 하니 "LA다저스 스타디움 수준이네."라고 말한다. 아내는 이내 "미국은 저런 걸 도시마다 지어놓고 경기하잖아? 미국이 지금 로마네." 하고 말한다.

콜로세움

로마를 대표하는 건축물 콜로세움
흰색 좌석은 원로원 의원석이다.

포로 로마노

콜로세움은 로마제국의 행정기관과 신전들이 몰려 있는 포로 로마노 Foro Romano로 이어진다. 로마의 주요 공공시설들이 모여 있는 로마공회장이다. 지금은 폐허로 남아 있다. 다양한 건축물들이 많이 남아 있어 조화를 이루며 멋진 풍경을 만들어 낸다. 19세기에 영국인들은 이곳이 내려다보이는 언덕에 정원을 만들었다.

가장 먼저 눈에 들어오는 건축물은 콘스탄티누스 황제의 개선문이다. 프랑스 파리의 개선문 등 여러 나라의 도시에 있는 개선문들은 대개 이를 모방해 건축된 것들이다. 콘스탄티누스 황제 이전에는 로마는 동서로 분열되고 있었다. 콘스탄티누스는 어머니가 독실한 크리스천인 그리스 인으로 동로마 출신이다. 그는 아버지를 따라 군대에서 활약하며 세력을 넓혔다. 그리고 312년 로마의 막센티우스에게 승리하여 동서로마

◆
포로 로마노 전경
로마제국의 대규모 신전이나 행정기관 등 공공 건축물들이 아직도 많이 남아 있다.

◆
콘스탄티누스 개선문
최초의 기독교 황제인 콘스탄티누스 황제는 동서로마를 재통일한 후 개선문을 세웠다.

를 재통일하고 로마에 입성하여 개선 행진을 하였다. 그는 막센티우스의 참수한 머리도 대중에게 공개하였다. 이후 이 개선문을 세웠다. 콘스탄티누스는 로마의 수도를 자신의 근거지인 동로마로 옮기고 명칭을 콘스탄티노플로 정하였다. 동로마제국은 1천 년 간 지속되다 오스만 터키의 침략으로 멸망하였다.

콘스탄티누스 황제는 최초의 기독교 황제이다. 덕분에 로마 전역에 기독교가 전파될 수 있었다. 콘스탄티누스 개선문에는 승전을 상징하는 부조가 새겨져 있다. 포로 로마노를 지나다 보면 이보다 작은 개선문을 두 개 더 볼 수 있다. 당대 최고의 권력자들이 승리를 기념하고 업적을 과시하기 위하여 세운 구조물들이다. 지금은 주인공들도 제국도 사라지고 호기심 어린 관광객들에게 볼거리들일 뿐이다. 허망하다는 생각도 들지만 저렇게 열심히 산 사람들 덕분에 인류의 역사가 발전해 온 것이다. 산 사람은 더욱 열심히 살아야 하는 게 맞다.

포로 로마노에는 폐허가 된 로마신전들이 많다. 시저가 암살된 후에 세워진 신전은 지금은 토대만 남아 있다. 거대한 아치 3개만 남은 신전도 있다. 이 신전이 피렌체 우피치 미술관에 있는 레오나르도 다빈치의 미완성 작 〈동방박사의 경배〉에 배경으로 나오는 건물이라는 주장도 있다. 다빈치는 예수가 탄생한 날 밤에 이 신전이 무너져 내렸다는 전설에 따라 그림의 배경에 이 건물이 붕괴된 장면을 담았다.153쪽 참조

◆

다빈치의 〈동방박사의 경배〉의 배경에 나오는 신전으로 추정되는 로마신전의 잔해
다빈치는 예수가 탄생한 날 밤에 고대 신전이 무너진다는 전설의 내용을 그림에 담았다.

　　포로 로마노의 신전 건물들 중에는 중세에 가톨릭교회로 전용된
것들도 있다. 호기심이 가는 건물은 원로원 건물이었다. 원로원은 로
마의 정치를 상징하는 기구였다. 원로원에서는 토론이 진행되었으며,
황제를 견제하였기 때문에 민주주의의 상징으로도 통한다. 그러나
원로원 의원들의 토론을 대중이 지켜볼 수는 없었다. 원로원 의원은
세습되었다. 시저도 원로원을 중시하였으며 건물의 재건을 지시하였
다. 현재 원로원 건물은 놀라울 정도로 깨끗하게 보존되어 있다. 이
등변삼각형 모양의 지붕이 더욱 단정해 보인다.

　　포로 로마노는 오랜 세월을 지나며 천천히 허물어진 폐허이다. 폐
허를 보노라니 1천 년 이상 지속된 인류사상 최고의 제국도 영원히

로마의 민주주의적 특성을 상징하는 원로원 건물

지속되지 않는다는 진리를 다시 한 번 깨우친다. 역사에도 엔트로피 법칙이라는 것이 있는 듯하다. 질서와 통제로 이루어지는 제국이라 하더라도 시간이 갈수록 침식되어 허물어진다. 역사상 허물어지지 않은 제국이나 나라가 있었는가?

　로마를 이은 신성로마제국, 세계의 절반을 차지했던 스페인, 해가 지지 않았던 대영제국, 전 세계 노동자들의 천국을 꿈꾸던 소련 등 모든 제국이 멸망했다. 중국에서도 제국의 통일과 분열을 반복했다. 나폴레옹의 프랑스, 천년 왕국을 꿈꾸던 히틀러의 나치스독일도 모두 멸망했다. 권력을 추구하는 사람들일수록 생자필멸生者必滅의 섭리를 깨닫고 겸손해야 한다.

베네치아 광장

　　포로 로마노를 걸어서 나오면 베네치아 광장으로 이어진다. 1871년 이탈리아 통일을 기념하여 조성된 광장이다. 비토리오 에마누엘레 2세 기념관도 함께 건설되었다. 포로 로마노가 내려다보이는 언덕 위에 기념관을 지은 데서 로마의 영광을 재현하겠다는 통일 이탈리아 건설자들의 의지가 읽힌다. 백색의 기념관은 규모는 큰데 미학적으로는 주위의 건물들과 조화를 이루지 못한다. 포로 로마노 위의 좋은 자리를 무단 점거한 느낌이다.

　이탈리아의 대도시 어디를 가나 한가운데 좋은 자리에는 통일 관련 기념물들이 있다. 밀라노의 두오모 바로 옆에는 비토리오 에마누엘레 2세 갤러리가 있고, 앞에도 그의 기마상이 있다. 비좁은 도시 베네치아에도 통일을 주도한 인물들의 동상이나 부조가 눈에 잘 띄는 데 자리 잡고 있다. 피렌체에도 중심가에는 공화국 광장이 있다. 로마에서도 그렇지만 마치 이탈리아 통일을 주도한 사람들이 유서 깊은 도시의 최고 기념물들을 스토킹하는 것 같다.

　이탈리아의 대도시들은 통일 이전까지는 최고 수준의 문화를 융성시키면서도 독자적인 개성을 유지하고 있었다. 다빈치나 미켈란젤로처럼 유능한 인재들은 출생지에 국한되지 않고 자유롭게 이주하면서 능력을 발휘하였다.

　그런데 통일 이후에는 오히려 이탈리아 각 도시들의 전통과 개성이

◆
비토리오 에마누엘레 2세 기념관
이탈리아 통일을 기념하여 건설되었다.

사라진 것 같다. 이탈리아는 통일 이후에 나아진 것도 없다. 오히려 한 나라를 유지하려다 보니 그전에는 없었던 남북 간의 빈부 격차문제가 드러나 사회적 갈등을 키웠다. 무솔리니 같은 독재자가 나와 2차 대전에 나치독일과 동맹하여 나라 전체를 패전의 구렁텅이에 빠뜨렸다. 좋은 자리를 차지하고 있는 통일 기념물들은 통일 이탈리아가 억지로 꿰맞추어진 부자연스러운 정치적 구조물이라는 생각이 들게 만든다.

비토리오 에마누엘레 2세 기념관 앞 계단에는 경찰이 배치되어 사람들이 앉지 못하게 한다. 현대판 성소聖所이기 때문이다. 이곳의 높은 테라스에 올라서면 로마 시내가 잘 보인다. 포로 로마노의 폐허와는 정반대로 로마는 중세를 지나면서도 끊임없이 세계 최고의 문명을 창조하며 번영을 구가하였다. 사람들이 로마의 폐허에 슬퍼하지 않고 대를 이어가며 열심히 살아온 덕분이다.

캄피돌리오 광장

이탈리아어 캄피돌리오의 어원은 라틴어로는 'Capitolium'이다. 영어로는 'Capitol', 즉, 수도라는 의미이다. 캄피돌리오 광장은 로마제국의 주피터 신전이 있던 신성한 언덕이었다. 중세에는 이곳에서 시민들의 저항이 자주 일어났다. 그후 여러 귀족들의 궁전과 공공건물들이 들어서기 시작하였다. 현재 광장의 모습은 미켈란젤로가 1536년 신성로마제국 황제의 로마 방문을 앞두고 교황의 의뢰를 받아 설계하였다. 그는 포로 로마노 방향은 가리고, 반대쪽인 베드로 대성당 방향을 개방하였다. 로마 교황의 권위를 돋보이게 하려는 설계이다. 광장 입구의 계단 위 양 옆으로는 그리스 신화에 나오는 카스토레와 폴루체 쌍둥이 조각상을 설치하였다. 말고삐를 잡고 있는 쌍둥이는 전승 소식을 가장 먼저 알려준다는 전설이 있다.

캄피돌리오 광장으로 오르는 계단 양 옆의 조각상은
그리스 신화에 나오는 카스토레와 폴루체 쌍둥이의 모습이다.
정면에 보이는 건물이 구 시청사이다.

236

미켈란젤로는 30년 전에는 피렌체의 시민들에게 메디치 가문의 독재가 물러나고 공화정이 시작된 것을 축하하는 의미에서 〈다비드 상〉을 선사하였다. 이 〈다비드 상〉의 시선은 로마를 향하고 있다. 로마의 간섭에 반대한다는 의미였다. 미켈란젤로는 메디치 가문이 복귀한 후에는 메디치 가문의 영묘를 제작하였다. 그는 메디치 가문의 영묘에 권력의 무상을 암시하는 〈밤〉과 〈낮〉 등의 조각상을 제작해 놓고 로마로 떠났다.

그런데 다시 로마 교황의 권위를 과시하기 위한 도시 설계를 하게 된 것이다. 누구에게나 세상만사가 뜻대로 되는 것은 아니다. 미켈란젤로는 독실한 기독교도였지만 권력은 좋아하지 않았다. 그는 만년에는 종교개혁에 호응하여 개신교에 관한 대화를 많이 나누었다는 기록이 나온다.

로마는 어디나 유적이다. 발굴 작업을 위해 파헤쳐진 곳들도 많다. 몇 년을 살아도 유적이나 박물관들을 다 돌아볼 수 없다고 한다. 사진을 찍으면 어디나 그림이다. 실수로 셔터를 눌러도 의미 있는 역사적인 유물이 찍힐 판이다. 목적지를 찾아가다 보면 유적을 여러 개 마주치게 된다. 그럴 때 '어! 이런 대단한 것도 있네' 하는 심정에서 하나 둘 잠깐씩이라도 보며 지나다 보면 막상 목적지에는 도달하지 못할 수도 있다. 그러므로 제한된 시간에 목표한 곳을 꼭 가보려면 가는 도중에 나타나는 볼거리들을 과감히 지나쳐야 한다.

판테온

로마에서 가장 보고 싶었던 건축물 중의 하나가 판테온이었다. 판테온은 약 2천 년 전에 건설되었지만 건축 기술이나 미학적인 관점에서 인류가 남긴 가장 위대한 건축물 중의 하나로 평가된다. 아직도 돔 천장의 크기가 세계 최대이다. 경이적인 건축물이다. 판테온은 "모든 신들에게 영광을"이라는 의미를 가진 로마시대의 다신교 신전이다. 중세 이후 지금까지는 로마가톨릭 성당으로 사용되어 왔다.

건물 앞에 아그리파가 지었다고 라틴어로 쓰여 있다. 군인이자 건축가인 아그리파기원전 64~기원전 12가 아우구스투스 황제를 위하여 지었다는 설도 있고, 자신의 전용 신전으로 지었다는 설도 있다. 하드리아누스 황제 때인 126년에 완공되었다.

판테온은 정면에서 바라보면 여덟 개의 높은 코린트식 기둥이 있다. 삼각형 지붕과 기둥의 형태는 미국 의사당이나 백악관도 따라한 것 같다. 이 기둥들 각각은 모두 하나의 커다란 돌로 완성되었다. 정면에서 보면 판테온이 오각을 이루는 건물처럼 보이지만 내부는 거의 완벽한 구체를 이룬다. 판테온 외부를 한 바퀴 돌아보면 둥근 건물임을 알 수 있다. 벽은 콜로세움에서 본 것과 똑같은 벽돌로 구성되어 있다. 내부에 들어가면 희고 둥근 천장이 눈길을 확 끈다.

판테온 내부에서 바라본 천장
돔 천장의 지름은 43m나 된다.
가운데 오큘러스를 통해 빛이 들어온다.

가장 위대한 건축물 중의 하나로 평가되는 판테온
정면은 오각의 형태이지만 내부 공간은 완벽한 구체를 이룬다.
판테온은 현대의 건축가들에게도 많은 영감을 선사한다.

43m 높이에 있는 저 커다란 천장이 어떻게 2천 년을 버텨왔는지 신기할 정도이다. 돔의 지름도 43m이다. 돔은 콘크리트로 제작되었다. 로마시대의 콘크리트는 돌조각과 접착력이 강한 화산재로 구성되어 있다. 판테온의 돔 콘크리트에는 물에 뜨는 가벼운 부석浮石이 포함되어 무게를 줄였다. 돔의 원형 천정에 있는 정사각형 무늬가 위로 올라갈수록 작아진다. 돔의 꼭대기 한가운데에는 '오큘러스oculus'라고 불리는 원형 구멍이 뚫려 있다.

나는 이전에는 오큘러스가 유리로 덮여 있어서 비바람을 막아주는 줄 알았다. 그런데 직접 보니 구멍이었다. 해가 뜨면 오큘러스를 통해 동그란 햇빛이 사원 내부로 들어온다. 해가 이동하면서 동그란 햇빛도 벽면을 타고 이동한다. 종교행사를 진행하는 동안 동그란 햇빛이 벽면을 타고 이동하는 모습은 대단히 신비로운 분위기를 연출했을 것이다.

오큘러스는 일종의 해시계 역할도 했다. 비가 내리면 빗방울이 오큘러스를 통해 그대로 판테온 내부로 쏟아진다. 밑바닥에는 물이 빠지도록 작은 구멍이 몇 개 뚫려 있다. 판테온이 원형 그대로 2천 년을 버텨왔다는 사실이 놀라울 따름이다. 판테온의 돔 지붕과 지붕 가운데를 비워놓는 '오큘러스' 구조를 모방한 건축물들은 현대에 들어서도 무수히 많다.

로마가 위대한 점은 땅덩어리가 크기 때문만이 아니라 영원불멸의 과학기술을 개발했기 때문이다. 판테온의 종교였던 다신교는 지금은

판테온 내부에 자리 잡은 **라파엘로의 묘지**
성모상이 설치되어 있다.

243

사라졌지만 판테온을 만들어 낸 과학과 미학은 지금 사람들에게 전해지고 있다. 시간은 모든 것을 폐허로 만든다지만 과학과 예술은 2천 년이 지나도 변치 않고 전해지며 인류의 삶을 지탱한다는 사실을 판테온은 웅변하고 있다.

판테온은 중세 이후 가톨릭 성당으로 활용되어 왔다. 르네상스의 거장 라파엘로의 묘지가 이곳에 있다.

트레비 분수

판테온에서 숙소로 가는 길에 트레비 분수를 찾았다. 로마에서 관광객들이 가장 많이 찾는 장소가 트레비 분수 아닐까 한다. 로마의 낭만적인 분위기를 상징하는 명소이다. 이곳에 동전을 던져 넣으면 나중에 다시 올 수 있다는 전설이 있다. 아내는 처녀 시절에 동료들과 이곳에서 동전을 던져 넣으며 결혼한 다음에 남편과 함께 찾게 해달라고 빌었다고 한다. 아내의 소원이 이루어진 셈이다. 내심 흐뭇하다. 오늘도 사람들은 동전을 던진다. 그런데 경찰이 통제선을 분수에서 멀찌감치 쳐 놓아서 물속에 떨어지지 못한다. 아마도 날씨가 덥다는 핑계로 분수에 빠져들려는 사람들이 많기 때문일 것이다.

트레비 분수는 3개의 길이 만나는 지점에 있는 분수라는 의미이

◆
로마에서 가장 많은 인파가 몰리는 트레비 분수
대양의 신 넵튠이 주인공인 이 분수는 치수(治水)의 중요성을 상징하는 듯하다.

다. 1762년 제작되었다. 포로 로마노나 판테온처럼 2천 년 된 건축물을 보다가 2백여 년 된 트레비 분수를 보니 매우 산뜻하다. 게다가 최근에 2백만 유로를 들여 청소했다. 너무 산뜻하고 깨끗해서 섭섭할 지경이었다. 이 물줄기는 로마시대부터 주민들에게 강물을 공급하던 송수로였다. 17세기에 로마 교황이 당대의 조각가 베르니니 1598~1680에게 분수의 설계를 의뢰하였다. 지금의 형태도 베르니니가 최초로 만든 스케치에 바탕을 두었다. 니콜라 살비1697~1751 등 후대의 건축가들이 완성하였다.

트레비 분수에는 다섯 조각상이 나온다. 가운데 대양의 신 넵튠이 조개마차를 타고 있다. 마차는 상반신은 말이고 하반신은 물고기인 해마들이 끌고 있다. 넵튠의 아들들인 트리톤 둘이 좌우에서 해마를 길들이며 물길을 헤쳐 나가는 모습이다. 해마와 트리톤의 모습이 매우 역동적이다. 바다를 항해하고 물을 관리하는 일, 즉 치수治水의 중요성을 상징하는 듯하다.

넵튠 상 뒤의 건물은 나중에 지어졌다. 넵튠 양편에 여신상이 있다. 하나는 과일 바구니를 들고 있는데 바닥의 항아리에서 물이 쏟아지고 있다. 이는 풍요를 상징하는 여신상이다. 반대편에는 뱀에게 물을 먹이는 여신상이 있다. 치수를 잘못하면 위험하다는 의미인 듯하다.

트레비 분수를 가까이에서 본 다음에도 그냥 떠나기가 섭섭하였다. 어떻게 찾아온 곳인데 사진 한 장만 달랑 찍고 갈 수는 없었다.

관광객들이 너무 많은 것도 금방 떠나기를 주저하게 만들었다. 뭔가 다들 아쉬워서 오래 남아 있는 것 아니겠는가. 게다가 다리도 아프고 목도 말라서 아내와 앞에 있는 분수 맞은편 성당의 계단에 앉아서 찬찬히 감상하였다.

잠시 앉아서 분수를 바라보니 흘러나오는 물이 아름다웠다. 물의 색깔은 푸르고 투명한 쪽빛이다. 쉴새없이 흘러내리는 물줄기는 매순간 변화한다. 멀리서도 가만히 응시하다 보면 하염없이 바라볼 수 있다. 트레비 분수가 만들어진 이유는 조각상 못지않게 물줄기의 아름다움을 강조하려는 것 아닐까 하는 생각도 들었다.

로마뿐만 아니라 이탈리아의 도시들마다 분수가 많이 설치되어 있다. 처음에는 분수를 짓는 이유가 궁금하였다. 그런데 트레비 분수를 보면서 이탈리아가 고대 로마부터 치수를 철저하게 해 왔다는 생각이 들었다. 로마의 송수로는 지금도 사용된다. 스페인이나 프랑스 등에 남아 있는 로마의 송수로는 지금도 사용되기도 하며, 건축학적으로 대단한 평가를 받는 구조물이다.

로마인들은 물 관리를 효율적으로 과학적으로 하면서 농업을 개선하고, 도시를 발달시켰다. 캄보디아의 앙코르와트나 고대 인도의 모헨조다로 문명은 물이 마르면서 사라졌다. 물이 없으면 사람도 떠나고 문명도 사라진다. 트레비 분수는 치수의 중요성을 친근하게 그리고 대단히 미학적으로 가르치는 것 같았다.

스페인 광장

스페인 광장

　　나와 아내는 아픈 다리를 이끌고 스페인 광장을 찾았다. 17세기에 이 부근에 스페인 대사관이 있었다. 135개의 계단이 있는데, 사람들이 앉지 못하게 경찰들이 부지런히 호루라기를 불고 다닌다. 그래도 틈틈이 들 앉아 다들 셀카 촬영에 열중한다.

　스페인 광장까지 보니 날도 어둑어둑해진다. 아내가 인터넷에서 찾아본 4유로짜리 파스타 집을 찾아갔다. 서서 먹는 곳인데, 물 한 잔과 와인 한 잔도 서비스로 제공된다. 생각보다 맛이 좋아서 그런지 멋쟁이들도 많이 들어와 먹는다.

　오늘 로마에 처음 도착해서 구경도 많이 했지만 걷기도 많이 걸었다. 아내는 다리가 아프다고 한다. 더 이상 걸을 수가 없어서 지하철을 타러 스파냐역으로 가는 길에 아이스커피 간판을 발견하였다. 한국에서는 여름이면 아이스 아메리카노가 인기지만 이탈리아에서는 좀처럼 찾을 수가 없다. 반가운 생각에 들어가 주문하였다. 무려 4유로이다. 조금 아까 먹은 파스타와 와인 한 잔 값이다. 컵에 얼음을 넣고 미리 내린 커피와 설탕을 첨가해 준다. 맛이 좋다. 커피 집에서 다리를 좀 쉬고 나와 아란치니를 4유로에 두 개 샀다. 숙소에 돌아와 아란치니를 먹었다. 아내가 다리에 파스를 많이 붙였다. 말은 잘 안 하지만 몹시 힘든 모양이다.

이탈리아어에 'Dolce far Niente'라는 말이 있다. '달콤한 게으름' 즉, "아무 일도 하지 않고 달콤하게 즐긴다."는 의미이다. 영화로도 만들어진 미국의 여성작가 엘리자베스 길버트의 기행문 《먹고 기도하고 사랑하라Eat Pray Love》에 나와 유명해진 말이다. 늘상 바삐 일하며 제대로 쉴 줄도 모르는 미국인에게 이탈리아인이 당부한 내용이다. 'Dolce far Niente'를 하려면 느지막이 일어나 여유있는 식사를 하고, 관광도 천천히 해야 한다. 그러나 로마에는 볼 것은 많고 시간은 부족하다. 'Dolce far Niente'는 다음 기회로 미룰 수밖에 없다.

DAY 11

미켈란젤로의 〈천지창조〉와
카라바조의 〈성 마태오 3부작〉

바티칸 광장

◆
성 베드로 대성당
미켈란젤로가 성당의 돔 천장 등 대부분을 설계하였다.

로마를 여행하면 미켈란젤로의 대작 〈천지창조〉와 〈최후의 심판〉을 봐야 한다. 바티칸 시스틴 성당에 그려진 이 걸작은 인류역사상 최고의 명작으로 꼽힌다. 예술성이나 스케일에서 이러한 작품은 다시 나오기 어렵다.

시스틴 성당은 바티칸 박물관을 통해서 갈 수 있다. 바티칸 박물관에는 워낙 많은 작품들이 전시되어 있어서 며칠을 감상해도 다 볼 수 없다. 나는 바티칸 박물관과 대성당을 반나절 동안만 감상하기로 하였다. 그래야 나머지 반나절 동안은 나보나 광장 등 로마의 다른 명소들을 가볼 수 있다.

바티칸 박물관에는 아침 9시쯤 도착했는데도 매표소에는 사람들이 길게 줄을 서고 있었다. 줄의 길이를 보니 표를 사는 데만도 한 시간 이상 걸릴 것이 분명했다. 안으로 들어가서 아무리 빨리 관람하더라도 하루 종일 걸린다. 할 수 없이

◆
로툰다의 방 천장
판테온의 돔 천장을 그대로 옮겨온 듯하다.

부근에서 모객 중인 그룹투어에 참가하였다. 69세의 이탈리아 할머니가 영어로 안내하였다. 그룹으로 가면 좋은 점은 줄을 서지 않고 즉각 들어가고 가이드의 안내에 따라 신속하게 관람할 수 있다는 사실이다. 반면에 가이드 비용이 드는 것은 부담이다. 바티칸 박물관만을 꼼꼼히 살펴보려면 관광객들이 적은 겨울철에 찾는 것이 낫다.

바티칸 박물관은 그야말로 인산인해였다. 바티칸 박물관의 화랑 길이가 7.5km라고 한다. 이 화랑 전체가 사람으로 가득 찬 것 같았다. 서울에서 주말 아침에 인근의 산을 등산할 때 인파에 떠밀려 올라갔다 내려오는 경우가 많은데 이와 똑같았다. 사람들의 행렬에 밀려서 앞으로 나아갔다.

그리스 로마시대는 물론 고대 중동지역 등의 조각상들이 전시된 공간을 지났다. 조각상들이 있는 로툰다의 방 천장은 판테온의 돔을 그대로 옮겨놓은 듯하였다. 전시품들을 일일이 살펴보기는 어렵고 흘깃 눈길을 던지고 가는 수준이었다.

벨베데르의 토르소

　　미켈란젤로가 극찬을 했다는 기원전 1세기 작품인 벨베데르의 토르소에 사람들이 많이 몰려 있었다. 흰색 대리석으로 만든 이 토르소는 몸통만 남아 있는데 헤라클레스 상으로 추정되고 있다. 이 조각상이 격찬을 받는 이유는 웅크린 듯한 자세가 대단히 사실적이기 때문이다. 미켈란젤로는 이 조각상에 영감을 받아 자신의 작품들에 응용하기도 하였다. 뒷면의 모습은 고뇌하는 남성의 모습을 담은 로댕의 조각 〈생각하는 사람〉을 떠올리게 만든다.

　바티칸 박물관에도 대형 벽걸이 자수가 있다. 성경에서 십자가에 매달려 숨을 거두었던 예수가 사흘만에 부활하여 무덤에서 돌문을 열고 나오는 대목을 표현한 태피스트리는 세로 길이가 천장에 닿을 만큼 크지만, 손으로 그린 정밀화를 능가할 정도로 인물과 풍경 묘사가 세밀하다. 예수의 손과 발등에는 십자가 대못 자국이 선명하다. 성경에 따르면 예수가 돌문을 열고 나오는 광경을 본 사람은 없었다. 무덤을 지키던 로마 병사들은 문이 열려진 것만 보고 놀라 달아났다.

　기독교는 예수의 부활과 함께 신앙으로 세상에 뿌리내리기 시작하였다. 그 과정에서 많은 순교자들도 나왔다. 예수의 부활은 희망의 메시지이기도 하지만 고난을 예비한 모멘텀이기도 하다.

미켈란젤로가 격찬한 **벨베데르의 토르소**
미켈란젤로는 이를 바탕으로 벽화 〈최후의 심판〉에서 성 바돌로메의 모습을 그렸다.

부활한 예수가 무덤에서 돌문을 열고 나오는 내용을 담은 자수 작품

라오콘 군상

　　미술 교과서에서 많이 본 라오콘 군상을 볼 수 있었다. 라오콘 군상은 1506년 로마에서 발굴되었는데, 기원전 2세기경의 작품으로 추정되고 있다. 그리스 신화에 따르면 라오콘은 트로이 사람들에게 그리스가 보낸 트로이목마에 불을 지르라고 경고하였다. 그리스의 신들이 이에 분노하여 라오콘과 두 아들의 눈을 멀게 하고 바다뱀 두 마리를 보내 몸을 졸라 죽였다고 한다.

　　이 조각상은 라오콘의 얼굴에서부터 뱀에 조임을 당하는 온몸의 고통을 사실적으로 표현하고 있다. 고대 조각 중 가장 놀라운 작품이며, 헤어 나올 수 없는 고통에 몸부림치는 인간의 모습을 이보다 잘 표현한 작품은 없다는 평가를 받는다.

　　바티칸 박물관에서 이 조각상을 보고 조금 놀란 이유는 똑같은 조각상을 며칠 전 우피치 미술관에서 보았기 때문이다. 무엇이 진품일까? 바티칸의 라오콘 군상이 진품이다. 바티칸의 라오콘 군상은 오른쪽에 위치한 아들의 오른팔이 없다. 우피치의 라오콘 군상은 15세기에 조각가 반디넬리가 제작한 모조품이다. 라오콘 아들의 팔이 온전히 있다.

시저의 얼굴

　　로마시대 조각들이 설치된 방을 지나는데 가이드 할머니가 "시저의 실제 얼굴"이라며 벽에 걸린 두상을 가리켰다. 시저는 인류역사에서 황제의 상징이 된 인물이다. 독일의 황제인 '카이저'나 러시아의 황제 명칭인 '차르'는 모두 시저라는 이름에서 나온 말들이다. 벽에 걸린 시저의 얼굴을 잠시 살펴보니 이마에는 주름살들이 깊이 패여 있고, 양 볼은 푹 꺼져 있고, 입술의 양끝은 아래로 축 처져 있다. 권력과 명예의 총아였을 시저이지만 두상에서 나타나는 표정은 긍지와 자부심보다는 근심과 걱정이 가득한 늙은 할아버지의 모습이다. 너무 평범하여 시선을 끌지 못하는 것 같다. 업적이 많고, 가진 게 많고, 누리는 게 많을수록 걱정거리가 많아지는 게 인생이 아닐까. 잠시 바라보다 행렬을 잃어버릴 뻔하였다. 재빨리 찾아가서 커다란 태피스트리들이 걸려 있는 방을 지나갔다.

　　그리고 지도의 방을 지나 라파엘로의 방에 도착했다. 유명한 〈아테네 학당〉 등 벽화가 가득했다. 아테네의 학당은 그리스 철학자들을 한데 모아놓은 작품이다. 한가운데에는 오른손으로 하늘을 가리키는 관념철학자 플라톤과 손바닥을 땅으로 향한 자연철학자 아리스토텔레스가 자리 잡고 있다. 바티칸 박물관 입장권에는 두 철학자를 담은 부분이 인쇄되어 있다. 두 사람 앞에 거의 전라의 상태로 주

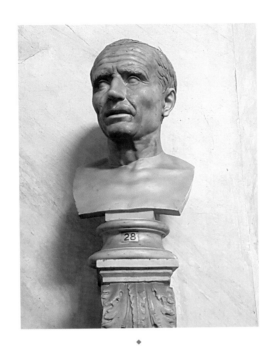

◆
시저의 실제 얼굴 모습

저앉은 사람이 알렉산더 대왕에게 햇빛을 가리지 말라고 했다는 철
학자 디오게네스이다. 다빈치의 얼굴이다. 그 앞의 정면에는 철학자
헤라클레이토스인데 미켈란젤로의 얼굴이다. 그림의 가장 오른 편에
서 두 번째에 있는 검은 모자를 쓴 작은 얼굴의 사나이가 미남 작가
인 본인 라파엘로이다.

　인파에 밀려가느라 제대로 감상하기가 어려울 지경이었다.

라파엘로 방의 〈아테네 학당〉

시스틴 성당

드디어 미켈란젤로의 〈천지창조〉와 〈최후의 심판〉
이 있는 시스틴 성당이다. 시스틴 성당은 교황을 선출하는 콘클라베
가 열리는 곳이다. 미국의 소설가 댄 브라운의 원작을 바탕으로 한
영화 〈천사와 악마〉에서도 콘클라베가 열리는 시스틴 성당 천장화
〈천지창조〉가 나온다. 〈천지창조〉는 1508~1512년, 〈최후의 심판〉은
1536~1541년 사이에 완성되었다.

시스틴 성당에 입장하여 감상할 수 있는 시간은 불과 7분이다. 밀
라노의 산타 마리아 델레 그라치에 성당에서 레오나르도 다빈치의
〈최후의 만찬〉 관람 시간은 15분이었다. 그때도 아쉬웠다. 그런데 시
스틴 성당 내부에는 미켈란젤로의 〈천지창조〉와 〈최후의 심판〉뿐만
아니라 보티첼리 등 대가들의 작품이 많이 있다. 레오나르도 다빈치
의 〈최후의 만찬〉보다 백 배나 많은 작품 내용을 절반도 안 되는 7
분만 감상하라니 너무 아쉬웠지만 워낙 많은 인파 때문에 어쩔 수
없는 노릇이다. 나는 시스틴 성당에서 세 부분의 그림에 집중하였다.

먼저, 모르는 사람이 없는 〈천지창조〉 중 '아담의 창조' 부분이다.
하나님이 아담을 창조한 후 영혼을 부여하는 장면이다. 이 그림에서
는 하나님과 아담이 서로 손을 길게 뻗쳐서 연결되는 포즈가 압권이
다. 그러나 두 손가락은 아슬아슬하게 닿지 않는다. 인간의 불완전
성을 상징한다는 설명도 있다. 하나님의 배경은 인간의 뇌의 형상이

◆ 교황을 선출하는 콘클라베가 열리는 시스틴 성당 내부
천장의 〈천지창조〉와 벽면의 〈최후의 심판〉은 미켈란젤로 작품이다.
주위의 벽화들도 보티첼리 등 대가들의 작품이다.

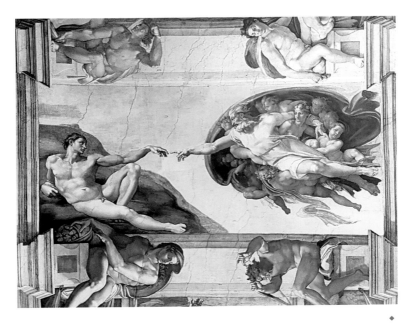

〈아담의 창조〉
하나님이 있는 배경은 두개골 형상이며,
그 안에 예수의 사도들이 자리하고 있다고 해석되고 있다.

라는 것이 정설이다. 인체에 관해 깊은 연구를 한 미켈란젤로였기에
생각해낸 아이디어이다. 뇌의 형상 속 12명의 남성은 《신약성경》에 나
오는 예수의 12사도를 의미한다. 미켈란젤로는 '아담의 창조'라는 그
림 한 편을 통해서 구약과 신약의 내용을 압축해 표현해내는 천재성
을 발휘하였다.

두 번째, 황급히 눈길을 더듬어 찾아본 그림은 벽면에 있는 〈최후의 심판〉에서 지옥도 부분이다. 벽화 한가운데에는 건장한 육체를 가진 부활한 예수가 심판을 내리고 있다. 그 아래에서 천사들이 7개의 나팔을 불고 있다. 그림 오른편은 지옥도다. 지옥도에는 재미있는 사연이 담겨 있다.

원래 〈천지창조〉에 그려진 인물화들은 벌거벗고 있었다. 성기도 사실적으로 그려졌다고 한다. 가톨릭 성직자들 가운데 이를 부도덕하다고 비난하는 사람들이 많았다. 식당이나 매음굴에 걸려야 할 그림이라고 맹비난하는 성직자도 있었다. 미켈란젤로는 이들의 압력에 못이겨 결국 성기를 가리게 되었다. 그런데 이게 보통 어려운 작업이 아니었다. 벽이나 천장에 그리는 프레스코화는 아무 때나 그림을 그릴 수 있는 게 아니다. 프레스코화는 오래 보존되는 대신에 그림을 그릴 수 있는 시간은 매우 짧다. 벽에 여러 성분을 섞어서 축축하게 만들고 굳기 이전에 신속하게 그려내야 한다.

그림을 다 그린 미켈란젤로에게는 성기를 옷으로 덧칠하는 일은 매우 귀찮은 일이었다. 미켈란젤로는 나중에 지옥을 그릴 때 성기를 가리라는 주장을 고집한 인물의 대표격인 비아지오 추기경을 지옥의 판관 미노스로 그려놓았다. 어리석음을 상징하는 당나귀 귀를 가진 미노스의 벌거벗은 몸통을 뱀이 칭칭 감고 있으며, 성기는 뱀 대가리에 물려 가려져 있다. 비아지오

벽면에 그려진 미켈란젤로의 〈최후의 심판〉

지옥에서 뱀에 물린 판관 미노스의 얼굴은 비아지오 추기경의 모습이라고 한다.

추기경이 교황에게 이 문제에 대해 항의했을 때 교황은 "지옥에서는 나의 권한은 통하지 않으니 그림은 그냥 내버려 두라."고 답했다고 한다. 엄숙한 교황청에서 이 정도의 유머가 통했다는 사실이 흥미롭다. 지금 봐도 미켈란젤로의 심술이 너무 재미있다.

세 번째, 지옥에서 고생하는 비아지오 추기경과 가운데 예수와의 사이에 축 늘어진 인체가 있다. 피부가 벗겨지는 고통을 당하며 순교한 성 바돌로메가 자신의 피부를 들고 있는 형상이다. 성 바돌로메의 포즈는 벨베데르의 토르소를 원용하였다고 한다. 성 바돌로메

◆

미켈란젤로는 성 바돌로메의 벗겨진 피부에 자신의 얼굴을 추가하였다.
곧 지옥으로 떨어질듯한 처지이다.

가 왼손에 들고 있는 벗겨진 피부의 얼굴 모습은 미켈란젤로의 자화 상이다. 성 바돌로메는 자신의 피부를 곧바로 손에서 떨구어낼 자세 이다. 미켈란젤로의 얼굴도 지옥으로 떨어지기 직전이다. 미켈란젤로 스스로가 지옥에 떨어질 신세라고 말하는 듯하다. 미켈란젤로가 만 년에 종교적인 구원에 대해 비관적인 생각을 하였던 것은 아닐까? 아 니면 시스틴 성당의 벽화들을 그리면서 고생한 미켈란젤로가 예술가 의 고통을 극적으로 표현한 것은 아닐까 하는 생각을 잠시 하였다.

제한 시간 7분이 지나자 쫓기듯이 시스틴 성당을 나왔다. 이곳에 는 다른 대가들의 그림들도 많다. 그런데 미켈란젤로의 작품, 그것도 일부분을 보느라 눈길도 주지 못한 것이 못내 아쉽고 미안했다. 넘 치는 관람객을 보면 마치 순례자들 같다.

여행을 마치고 한국으로 돌아온 다음 넷플릭스로 영화 〈두 교황〉 을 보았다. 안소니 홉킨스가 사퇴한 교황 베네딕토 16세로 나온 이 영화에는 시스틴 성당의 벽화가 잘 나온다. 영화에서 베네딕토 16세 는 현재 프란체스코 교황이 된 아르헨티나의 베르고글리오 추기경과 시스틴 성당에서 아침 7시부터 대화를 나눈다. 베네딕토 16세는 〈천 지창조〉 중 지옥의 그림 아래 앉아서 이야기를 하다 교황직을 그만 두겠다고 말하며 일어나 앞으로 걸어 나온다. 베네딕토 16세가 마치 지옥에서 걸어 나오는 듯한 화면 연출이다.

성 베드로 대성당

시스틴 성당을 나와 성 베드로 대성당으로 들어갔다. 성 베드로 대성당은 로마가톨릭의 본당이기도 하지만 건축이나 미학적인 측면에서도 대단한 평가를 받는 건축물이다. 성 베드로는 예수의 12사도 중 수석급이며, 로마가톨릭의 초대 교황이다. 현재의 베드로 광장에서 십자가에 거꾸로 매달려 순교했으며, 베드로 성당 자리에 묻혔다.

성 베드로가 순교한 이 자리에 성당을 짓기로 결정한 사람은 로마의 콘스탄티누스 황제이다. 콘스탄티누스는 기독교를 공인하고 동서로 분열되는 로마를 통합한 최초의 기독교 황제였다. 기독교는 지금까지 서구 문명을 지탱하는 가장 중요한 종교로서 확고한 자리를 차지하고 내려오고 있다.

24세의 나이에 황제에 오른 콘스탄티누스의 기독교 공인이 진정한 신앙심에 바탕을 둔 것인지, 아니면 제국 통합을 위한 정치적인 센스가 발동한 것인지에 대해서는 지금도 학자들 간에 논란이 지속되고 있다. 로마제국을 통해 기독교가 인류 정신세계의 밑바탕으로 자리 잡게 되었다는 점만은 분명하다. 성 베드로의 순교와 콘스탄티누스 황제의 권력은 평면적으로 비교하면 적대적인 속성들이지만, 시간으로 이어지는 역사라는 3차원 공간에서 어떻게 이러한 기적을 이루어 내는지 상상하기 어려울 따름이다. 사람의 생각으로 되는 일이 아니

성 베드로 대성당의 발다키노

미켈란젤로 돔

라는 것만은 분명하다.

현재의 성 베드로 대성당은 콘스탄티누스 황제 시절 지어진 것은 아니다. 현재의 모습처럼 새로 짓기로 한 결정은 동로마제국이 오스만 터키에 정복되고, 콘스탄티노플의 소피아 대성당도 이슬람 사원으로 변해 버린 다음에 로마 교황청에 의해 내려졌다.

건축 설계는 브라만테1444~1514가 맡았지만, 뛰어난 아름다움을 지닌 커다란 돔 지붕 등은 나중에 미켈란젤로가 재설계하였다. 돔 천장의 위치는 베드로 성인의 묘소 바로 위이다. 묘소를 덮고 있는 발다키노天蓋천개는 조각가 베르니니1598~1680가 설계하였다. 나선형으로 휘감아 올라가는 검은 색 청동기둥들은 천국으로 연결되는 듯하다. 그리스 로마 양식이 아닌 예루살렘의 솔로몬 성전의 기둥을 연상시키려는 의도였다. 발다키노의 천장에는 성령을 상징하는 비둘기가 장식되어 있다.

그 위에 있는 천장의 돔이 미켈란젤로의 역작이다. 지름 42m로 판테온보다 1m 작다. 돔 천장에 창문들을 설치한 설계는 판테온을 빼닮았다. 높이는 판테온보다 훨씬 높은 136m이다.

성당 안에는 미켈란젤로의 또 하나의 역작 〈피에타〉 상이 있다. 피에타는 성모 마리아가 십자가에서 숨진 예수를 무릎에 놓고 안으며 슬퍼하는 모습이다. 안정적인 삼각형의 구조이지만 전체적으로 보면 성모 마리아의 체구가 과장되어 있다. 성모 마리아의 얼굴은 청년 예수의 어머니답지 않게 젊어 보인다. 처녀라는 이미지를 살리기

미켈란젤로의 〈피에타〉

위한 의도로 미켈란젤로가 어머니의 모습을 상상하며 제작하였다고 전해진다. 많은 조각가들이 미켈란젤로의 〈피에타〉 상을 본떠 만들어 세계 각지의 성당들에 설치하였다.

성 베드로 대성당은 로마가톨릭의 본당답게 웅장하고 금빛 찬란하다. 대성당 앞 성 베드로 광장은 조각가 베르니니가 설계하였다. 거대한 기둥 284개가 대성당까지 이어진다. 광장 한가운데 있는 오벨리스크는 로마의 칼리굴라 황제가 이집트에서 가져온 것이다. 칼리굴라는 누이들과의 근친상간, 폭정으로 악명 높은 인물로 암살당했다. 성 베드로 광장에 옮겨진 오벨리스크는 중세의 신앙심을 상징하는 고딕식 뾰족탑을 연상시킨다. 로마가톨릭의 입장에서 본다면 이교도나 원시종교의 상징물이지만 폐기하지 않고 미학적으로 활용하였다. 적재적소適材適所라는 생각이다.

산탄젤로 성

　　　바티칸을 뒤로 하고 로마의 명소인 나보나 광장으로 향했다. 산탄젤로 성을 지나서 가기로 하였다. 산탄젤로 성은 2세기경 로마의 하드리아누스 황제가 자신과 가족들의 영묘로 지었다. 그 후 로마 황제들의 유골이 안치되었다. 나중에 게르만족이 침략하여 훼손하였다.

　6세기 페스트가 발생했을 때 사람들이 이교의 우상을 만들어 신봉하는 사태가 발생하자 미카엘 천사장이 나타나 우상을 단칼에 베었다는 전설이 있다. 당시 교황 그레고리우스 1세는 이 성 위에 미카엘 천사장이 피가 흐르는 칼을 칼집에 넣는 광경을 보았다고 전해진다. 건물 꼭대기에는 미카엘 천사장의 조각상이 설치되어 있다. 중세에는 교황의 요새나 피신처, 또는 감옥으로도 사용되었다. 영화로 제작된 댄 브라운의 원작소설 《천사와 악마》에서는 악당에 납치된 추기경 네 명이 산탄젤로 성 지하 감옥에 갇혀 있는 장면이 나온다. 산탄젤로 성 앞 테베레 강 위에는 산탄젤로 다리가 있다. 다리 위의 조각상들은 모두 천사의 모습을 하고 있다.

산탄젤로 성
중세에는 감옥으로 사용되기도 하였다.

나보나 광장

나보나 광장 가는 길에 다리도 쉴겸해서 길목에 있는 산탄드레아 델라 발레라는 성당에 들렀다. 예수의 12사도 중의 한 사람이며, 베드로 성인의 동생으로 전해지는 안드레 성인에 헌정된 성당이다. 안드레 성인은 그리스에서 X자형 십자가에서 순교한 것으로 전해진다. 예수처럼 십자가에 매달릴 자격이 없으니 X자형 십자가에 손발도 못 박지 말고 묶어 달라고 요청하였다고 한다.

안드레 성인은 지중해 연안의 도시인 아말피의 수호성인이다. 이 성당도 아말피의 귀족이 세웠다고 한다. 산탄드레아 델라 발레 성당은 내부가 매우 환하다. 천장에 빛이 들어오게 설계되었기 때문이다. 그리고 천장화 등도 매우 화려하고 밝은 색깔로 처리되어 있다. 잘 알려져 있지도 않은 성당이 이처럼 화려하다. 로마가 얼마나 아름다운 도시인지를 다시 한 번 느낀다.

나보나 광장은 로마제국 시대에는 경기장이었다. 17세기에 현재와 같은 모습으로 조성되었다.

로마가 세계 최대의 중심지였던 당시에는 사람들이 가장 많이 모이는 광장이었다. 세계 각지에서 온 예술가들로 넘치던 거리였다. 요즘에는 젊은이들이 많이 모인다.

성 안드레에 헌정된 산탄드레아 델라 발레 성당의 제단화에는
X자형 십자가에서 순교한 성 안드레의 모습이 담겨 있다.

◆
나보나 광장의 콰트로 피우미 분수
터번을 두른 조각은 인도의 갠지스 강을 상징한다.

광장 한가운데에 있는 바로크 조각의 대가인 베르니니가 제작한 콰트로 피우미 분수가 유명하다. 콰트로 피우미는 네 개의 강이라는 의미이다. 아프리카의 나일 강, 유럽의 다뉴브 강, 아시아의 갠지스 강, 아메리카 대륙의 라플라타 강 등 네 개 대륙의 네 개의 강을 상징하는 조각이 담겨 있다.

머리에 터번을 두른 남성상은 갠지스 강을 상징한다. 다리 사이에 노를 끼고 젓는 모습이다. 야자나무 뒤에 있는 나일 강을 상징하는 조각상의 머리에는 천이 덮여 있다. 나일 강의 수원이 어디인지 알 수 없다는 의미이다. 유럽의 다뉴브 강을 상징하는 조각상은 로마 교황을 상징하는 방패를 붙잡고 있다. 아메리카 대륙의 라플라타 강은 은화를 깔고 앉은 대머리로 표현되었다. 힘과 아름다움이 느껴지는 역동적인 모습이다. 바로크 조각의 특징이다.

조각상들이 허공에 쳐들고 있는 팔뚝과 가느다란 손가락들이 놀라울 정도로 구체적이고 섬세하다. 저러한 부분이 어떻게 비바람을 견디며 오랜 세월을 견뎌내는지 신기할 따름이다. 구체성과 섬세함을 최대한 추구하는 것이 서양문명의 특징이다.

산타네세 인 아고네 성당

        나보나 광장에는 아그네스 성녀에 헌정된 산타네세 인 아고네 성당이 있다. 17세기 바로크 건축의 걸작으로 평가되는 성당이다. 아그네스 성녀는 3세기에 기독교 신앙을 포기하지 않아 벌거벗긴 채 화형당했다고 전해진다. 성당은 아그네스 성녀가 순교한 자리에 세워졌다. 이 성당의 돔은 성 베드로 대성당의 돔 다음으로 아름답다는 평가를 받는다.

    성당 내부는 아그네스 성녀의 순결함을 상징하듯 순백의 대리석 조각이나 부조들이 인상적이다. 화형을 당하는 순간을 담은 조각상에서는 일렁이는 불꽃도 순백의 대리석으로 제작되었다.

    다음 행선지는 산 루이지 데이 프란체시 성당이었다. 이 성당을 찾는 이유는 카라바조의 역작인 〈성 마태오 3부작〉을 보기 위해서였다. 길을 잘못 들어 잠시 헤매는데 가랑비가 내린다. 하늘은 파란데 손바닥만한 작은 구름이 비를 내리고 있다. 비를 피할 겸 마침 지나가는 데 있던 판테온으로 들어갔다. 판테온 천장의 둥그런 오쿨러스를 통해 빗방울이 쏟아진다. 햇살 속으로 쏟아지는 빗방울들이 눈처럼 하얗게 빛난다. 신비를 넘어서 경이로울 정도이다. 빗물은 바닥에 뚫린 작은 구멍들을 통해 배수된다. 비가 아무리 심하게 내려도 벽면으로는 들이치지 않을 것 같다. 길을 잃고 비를 피하려고 들어간 건물이 2천 년 된 판테온이라니…. 로마는 그런 곳이다.

산타네세 인 아고네 성당의 지붕
성 베드로 대성당 다음으로 지붕이 아름답다는 평가를 듣고 있다.

순백의 대리석 조각, 성 아그네스의 순교

판테온의 오큘러스를 통해 쏟아지는 햇빛 사이로 비가 내리고 있다.

카라바조의 〈성 마태오 3부작〉

산 루이지 데이 프란체시 성당은 프랑스 국왕 루이 9세에 헌정된 성당이다. 로마에 있는 프랑스 추기경의 성당으로 1589년 완공되었다. 당시 마태오 콘타렐리 추기경은 이 성당 안에 경당을 구입하고 콘타렐리 경당이라는 이름을 붙였다. 성당이 완공되면 콘타렐리 경당을 자신과 이름이 같은 성 마태오에 관한 그림으로 장식해 달라는 유언을 남겼다. 이 사업을 관리하던 프란체스코 마리아 델 몬테 추기경은 자신이 후원하던 화가 카라바조에게 그림을 맡겼다. 메디치 가문에 선물한 작품 〈메두사〉를 그린 카라바조의 능력을 높이 산 때문이었을 것이다.

《마태복음》의 저자인 성 마태오는 기독교의 성인들 가운데에서도 매우 특별한 위치를 차지하고 있다. 바로 《마태복음》 5~7장에 기독교 신도들에게 삶의 기본 규범이 된 예수의 산상수훈을 기록했기 때문이다.

> "마음이 가난한 자는 복이 있나니 천국이 그들의 것임이요.
> 애통하는 자는 복이 있나니 그들이 위로를 받을 것임이요.
> 온유한 자는 복이 있나니 그들이 땅을 기업으로 받을 것임이요.
> 의에 주리고 목마른 자는 복이 있나니 그들이 배부를 것임이요.
> 긍휼히 여기는 자는 복이 있나니 그들이 긍휼히 여김을 받을 것임이요.
> 마음이 청결한 자는 복이 있나니 그들이 하나님을 볼 것임이요.

산 루이지 데이 프란체시 성당의 콘타렐리 경당에 있는 카라바조의 〈성 마태오 3부작〉
가운데 작품은 〈성 마태오의 영감〉, 왼편에 〈성 마태오의 소명〉, 오른편에 〈성 마태오의 순교〉다.

화평하게 하는 자는 복이 있나니 그들이 하나님의 아들이라 일컬음
을 받을 것임이요.
의를 위하여 박해를 받은 자는 복이 있나니 천국이 그들의 것임이라."

산상수훈의 8복福은 계속된다.

"나로 말미암아 너희를 욕하고 박해하고 거짓으로 너희를 거슬러 모든 악한 말을 할 때에는 너희에게 복이 있나니,
기뻐하고 즐거워하라. 하늘에서 너희의 상이 큼이라. 너희 전에 있던 선지자들도 이같이 박해하였느니라.
너희는 세상의 소금이니 소금이 만일 그 맛을 잃으면 무엇으로 짜게 하리요. 후에는 아무 쓸 데 없어 다만 밖에 버려져 사람에게 밟힐 뿐이니라."

예수의 산상수훈 8복과 이어지는 대목은 지금도 기독교 신자들에게는 삶의 지침이 될 뿐 아니라 신자가 아닌 사람들에게도 용기와 희망을 선사한다. 예수의 산상수훈 기록자로 이름이 남은 마태오는 그만큼 사람들의 각별한 사랑과 관심을 받는 성인이다.

카라바조는 1600년 〈성 마태오의 소명〉과 〈성 마태오의 순교〉 두 작품을 완성하였다. 이 두 작품은 당시 로마 시민들로부터 엄청난 반응을 일으켰다. 카라바조의 두 작품을 보기 위해 매일같이 성당 앞에 구름처럼 관중이 몰려들었다. 요즘으로 말하면 신인이 데뷔작으로 흥행대박의 성공을 거두었다고 할 수 있겠다. 카라바조는 1602년 〈성 마태오의 영감靈感〉을 완성하여 두 작품 사이에 전시하게 된다. 〈성 마태오 3부작〉은 카라바조의 출세작이자 대표작으로 인정되고 있다.

카라바조의 〈성 마태오의 영감〉

성당에 들어가니 콘타렐리 경당에 〈성 마태오 3부작〉이 걸려 있었다. 성당 내부는 어두워서 그림이 잘 보이지 않았다. 동전을 넣으면 불이 들어와 작품을 감상할 수 있다. 항상 조명을 켜두면 작품이 상하기 때문에 이런 조치를 취한다는 설명이 쓰여 있었다. 그 유명한 〈성 마태오 3부작〉에 너무나도 쉽게 접근할 수 있어서 놀랐다.

1969년에 시실리 팔레르모에서 마피아가 카라바조의 그림을 훔친 사건이 있었다. 당시 그림의 평가액이 2천만 달러였다. 또 2014년 프랑스 남부의 한 농가에서 카라바조가 그린 것으로 추정되는 작품 하나가 발견되었다. 당시 경매 추정가는 1억2천만 달러였다. 그렇다면 카라바조의 출세작이자 대표작인 〈성 마태오 3부작〉의 가치는 도대체 얼마나 될까?

다른 나라 같으면 작품을 보호하기 위하여 비상한 조치를 취했을 텐데, 로마에서는 4백 년 전이나 다름없이 처음 있었던 자리에서 관람객을 맞이하고 있다. 로마의 풍부한 예술과 역사, 그리고 예술과 사람을 대하는 높은 시민의식에 존경을 표하지 않을 수 없다. 현재의 프란체스코 교황도 〈성 마태오 3부작〉을 자주 찾아 감상한다고 한다. 그림을 보며 이 작품이 4백 년 전에 블록버스터 급 흥행을 거둔 이유는 무엇일까를 생각해 보았다.

사람들은 그 이전의 종교화들과는 전혀 다른 사실주의적인 표현 때문이라고 말한다. 무엇보다도 카라바조가 구사한 빛과 어둠을 강렬하게 대비하는 기법이 눈에 확 들어왔다. 카라바조의 그림에는 배경이 별로 없다. 르네상스의 화가들은 그림의 배경으로 여러 가지 상징을 담은 건물이나 자연물들을 그려넣었다. 그러나 카라바조의 그림에서 배경은 검은 색일 뿐이다. 두드러지는 것들은 인물이다. 인물들의 표정이나 동작이 변화하는 순간을 빛의 명암을 통해 극적으로 담아내고 있다.

〈성 마태오의 소명〉은 주막집에서 세리稅吏 마태가 예수의 부르심을 받는 순간을 표현하고 있다. 《마태복음》 9장 9절 "예수께서 길을 가시다가 마태라는 사람이 세관에 앉아있는 것을 보시고 '나를 따라오라'고 부르셨다. 그러자 그는 일어나서 예수를 따라나섰다."라는 대목을 표현한 그림이다.

카라바조의 그림에서는 어두운 배경과 환하게 빛나는 인물들의 표정이 극적으로 대비되어 있다. 오른편에는 예수와 성 베드로가 서 있다. 왼편에는 탁자를 중심으로 다섯 인물이 앉아 있는데 가운데가 마태오이다. 예수가 오른손을 들어 마태오를 가리키고 있다. 베드로도 마태오를 가리킨다. 마태오는 왼손으로 자신의 가슴을 가리키고 있다. 마치 "나를 부르는 겁니까?" 하고 되묻는 듯한 표정이다. 오른손으로는 여전히 탁자 위에 놓인 동전을 주워 담으려 하고 있다. 예수, 베드로, 마태오의 손의 모양은 미켈란젤로의 〈천지창조〉 중 아담의 창조에 나오는 아담의 손 모양을 닮았다. 그림에 등장하는 사람

카라바조의 〈성 마태오의 소명〉

들의 복장은 예수가 살았던 당시의 복장이 아니라, 카라바조가 살았던 시대 사람들의 복장이다. 마태오의 소명이라는 성서의 내용이 현재에 벌어지는 듯 리얼하다. 예수가 당장이라도 관람객을 향해 손가락을 쳐들고 "나를 따르라."고 말할 것 같다. 카라바조는 기독교 신앙이 과거에 고착된 신앙이 아니라 현재를 살아가는 사람들의 살아 있는 신앙이 되어야 한다는 점을 강조하는 듯하다. 이러한 점이 당시 사람들의 공감을 샀을 것이다.

오른쪽에 있는 〈성 마태오의 순교〉는 더욱 극적이다. 블록버스터 영화로 치면 절정의 액션 장면이다. 첫 타격을 받고 쓰러진 마태오의 머리에서는 피가 흐르고 있다. 처형자가 마태오의 숨을 끊을 두 번째 타격을 가하기 직전이다. 카라바조는 예의 빛과 어둠을 대조시키는 기법으로 인물들의 표정과 행동을 극적으로 드러낸다. 그림에서는 마태오 성인보다도 중앙에 위치한 처형자의 모습을 강조하고 있다. 이전까지는 악당이나 악마는 흔히 머리에 뿔이 난 괴물이나 짐승의 모습으로 그려졌다.

그러나 마태오 성인을 죽이는 살인자의 모습은 젊고 싱싱한 육체를 가지고 있다. 힘과 젊음으로 가득 찬 그의 복부와 터질 듯한 가슴 근육은 건강미를 과시하며 빛난다. 머리에는 뿔이 난 것이 아니라 흰 머리띠를 두른 멋진 곱슬이다. 그러나 표정을 보면 무시무시한 적의를 뿜어낸다. 눈에서는 번득이는 살의를 뿜어낸다. 입으로는 악

카라바조의 〈성 마태오의 순교〉

귀처럼 외마디 고함을 치는 듯하다. 음영을 통해 살인자의 얼굴에 저런 무시무시한 표정을 그려낸 카라바조의 붓 터치와 테크닉이 놀라울 따름이다.

성 마태오는 천사가 내려 보내는 종려나무 가지를 붙잡으려 하고 있으며, 살인자는 필살의 두 번째 타격을 노린다. 카라바조는 건강한 인간도 이처럼 무시무시한 공포를 연출해내는 악인으로 변신할 수 있다는 점을 보여주고 있다. 공포에 질린 사람들은 현장을 외면하거나 달아나기 바쁘다. 영화에서 어떤 장면을 강조하기 위하여 초고속 카메라로 촬영한 슬로우비디오가 펼쳐지는 것 같다.

얼핏 보면 살인이라는 범죄가 일어나는 순간을 그린 건지, 성스러운 순교의 순간을 그린 건지 구분하기 어렵다. 영화에서도 그렇지만 주인공을 돋보이게 하려면 악당의 개성이 중요하다. 영화 〈배트맨〉의 성공 여부는 악당 조커의 캐릭터에 좌우된다. 카라바조는 악당의 악행을 극단적으로 강조하여 마태오 성인의 순교를 돋보이게 만든다. 마태오 순교 직전의 공포로 가득 찬 상황을 이보다 극적으로 표현하기는 어려울 것 같다. 보면 볼수록, 생각하면 생각할수록 전율을 일으키게 만드는 작품이다.

카라바조는 이 그림에도 카메오로 출연한다. 바로 살인자 왼편에 있는 얼굴이다. 다른 출연자들이 모두 공포에 질려 피하는 순간에도 태연하게 현장을 응시하고 있다. 모든 일의 진행 상황을 알고 있다는 듯, 예술가는 흥분하면 안 된다고 가르치는 듯 담담한 표정이다.

카라바조가 성공을 거둔 이유는 캔버스에 공포를 담아낼 수 있었던 때문이 아닐까 생각해 보았다. 피렌체 우피치 미술관에서 보았던 카라바조의 작품 〈메두사〉에서도 목이 잘린 메두사의 목에서는 피가 철철 흐르고 있었으며, 얼굴은 공포에 질린 표정을 하고 있었다.

〈마태오의 순교〉는 성당 내부에 걸렸다. 당시까지만 해도 성당 내부에 걸린 벽화나 그림들 가운데 이 세상의 살인을 이처럼 사실적으로 그린 그림은 거의 없었을 것이다. 벽화에 자주 등장하는 지옥은 이 세상의 모습이 아니다. 그러나 카라바조는 성당 안에 이 세상에서 일어난 살인을 그려냄으로써 성 마태오의 순교를 더욱 성스럽게 그렸다. 지금 내가 봐도 놀라운데 당시 사람들에게는 굉장한 충격이 었을 것이다. 카라바조는 위대한 화가이기도 하지만 20세기 영화의 흥행카드의 하나인 공포를 4백 년 앞서 대중에게 제시한 선구자가 아닐까 하는 생각도 들었다.

20세기 미국의 영화감독들 가운데에는 카라바조를 존경한 사람들이 적지 않다. 마틴 스콜세지 감독은 가장 좋아하는 화가가 카라바조라고 말했다. 그의 영화에는 카라바조의 그림처럼 어둠과 빛을 대조시켜서 인물들을 강조하는 장면이 많이 나온다. 〈블레이드 러너〉의 리들리 스콧 감독도 카라바조의 팬이다. 댄 브라운의 소설 《다빈치 코드》를 영화화한 론 하워드 감독은 아예 영화에서 루브르 박물관 입구에 카라바조 작품 전시회 포스터를 삽입하여 그에 대한 오마주를 표현하였다. 후속작인 〈천사와 악마〉에서도 바티칸 도서관의 조각가 베르니니 파일에 카라바조 파일을 덧붙여 등장시키는 방법으로 오마주를 추가하였다.

마틴 스콜세이지나 댄 브라운 감독은 영화에서 인물이 등장할 때 카라바조의 작품처럼 어두운 배경에 인물의 얼굴에만 조명을 비추는 방법을 사용한다. 카라바조 3부작을 마냥 바라보고 싶었지만 여행자인 우리는 목표로 한 다른 성당을 향하지 않을 수 없었다.

제수 성당

오늘의 마지막 목표인 제수 성당에 들어가 보았다. 예수회의 본부가 있는 성당이다. 예수회는 우리나라에 서강대를 개교하였다. 천장화가 아름답다. 밝게 빛나는 천국으로 가는 사람들과 지옥으로 떨어져 고통스러워하는 사람들이 확연하게 대비를 이룬다.

성당 바닥에 이 천장화를 잘 볼 수 있도록 대형 거울이 천장화를 비추고 있는 광경이 이채롭다. 이곳 천장화는 입체적인 느낌을 주도록 착시효과를 살렸다. 신도들에게 보다 사실적으로 보이게 하고, 보다 감화를 주도록 하는 게 이 당시 성당 벽화 제작자들의 목표였을 것이다.

거울에 비친 제수 성당의 천장화
천국에 대한 묘사가 이전에 비해 밝아지고 있다.

가톨릭 성직자들이 군대나 경찰이 있는 것도 아니고, 권력 기반은 오로지 사람들의 신앙심뿐일 것이다. 당시 가톨릭은 성당건축을 권력 기반을 다지는 주요한 수단으로 삼아 대단히 심혈을 기울였을 것이라는 생각이 든다.

오후 6시가 지나서야 제수 성당 앞 피자가게에 들어갔다. 커다란 사각형으로 구워낸 피자를 손님이 원하는 만큼만 잘라 무게를 달아서 판다. 가지, 하몽, 버섯피자를 주문해 먹었는데 기가 막히게 맛이 좋았다. 큼지막하게 잘라낸 피자 조각이 2유로 남짓이다. 세 종류를 먹으니 배가 부르다. 맛있는 음식이 들어가니 다리가 아프다고 불평하는 아내와도 저절로 화해가 되었다. 버스를 타고 숙소로 돌아왔다. 숙소에서는 거리를 향해 커다란 창문이 난 조금 더 좋은 방으로 바꿔주었다.

오늘 하루 동안 오전에는 바티칸으로 가서 성 베드로 대성당을 보고 시스틴 성당에서 미켈란젤로의 〈천지창조〉와 〈최후의 심판〉을 감상했다. 오후에는 나보나 광장에 있는 베르니니의 조각 피우미 분수를 보고, 성당에서 카라바조의 〈성 마태오 3부작〉을 감상했다. 엄청난 대가들의 작품을 너무 짧은 시간 동안 보고 감상하였다. 충분한 감상이 되기 어렵다. 이걸 감상했다고 해도 될까? 대가들에게 미안하다는 생각이 들 정도였다.

"대가님들, 여기는 로마입니다. 저도 어쩔 도리가 없습니다. 이해하시죠?"

DAY 12

티볼리의 인공정원과 자연정원

◆
빌라 데스테의 테라스에서 바라본 **티볼리의 전원 풍경**

연일 어두운 성당과 수백 년 묵은 예술품들만 보기에는 로마의 날씨가 너무 좋았다. 로마 가까이 있는 휴양지 티볼리를 찾기로 하였다. 티볼리는 지대가 높고 선선하여 고대 로마시대부터 귀족들의 휴양지로 인기가 높았다. 테르미니 역에서 초록색 레조날레 기차를 타고 50분 정도 가면 티볼리에 도착한다. 이곳에서 정원과 분수로 유명한 빌라 데스테를 찾았다. 티볼리 역에서 내려 10여 분 걸어가면 빌라 데스테가 나온다.

빌라 데스테

빌라 데스테는 교황이 되고 싶어 했던 이폴리토 데스테 추기경1509~1572이 처음 조성한 분수정원이다. 데스테는 중세에 가장 많은 논란거리를 제공한 알렉산데르 6세1431~1503 교황의 증손자이다. 교황이 자손이 있다는 게 말이 안 되지만 그는 거의 공개적으로 아내를 두고 자식들을 낳아 키웠다. 스페인 출신인 알렉산데르 6세 교황의 본명은 로드리고 보르지아이다. 이 교황을 주인공으로 한 미드 〈보르지아〉가 2011년 제작되어 국제적으로 엄청난 인기를 끌었다. 주인공 로드리고 역할은 제레미 아이언스가 맡았다. 선정적이고 폭력적인 장면이 많아 국내에서는 방영되지 않았지만, 미드팬들은 인터넷으로 내려 받아 보았다.

알렉산데르 6세 교황은 돈과 권력을 무한 추구하였다. 피렌체에서 사치와 향락을 비난하며 수천 점의 예술품 소각행사를 벌인 도미니크회 수도사 사보나롤라에게 화형을 선고한 사람이 알렉산데르 6세 교황이다. 그는 아들 체사레 보르지아1475~1507에게 추기경 자리를 주기도 하였다. 체사레는 나중에는 추기경직을 버리고 정치 및 군사 지도자로 성공을 거두었다. 마키아벨리의 기대를 받았던 체사레는 젊은 나이에 병사하였다.

알렉산데르 6세 교황은 딸을 유력 가문과 결혼시켜 혼인동맹을 유지하였다. 교황의 막나가는 세속적인 삶이 종교개혁 운동의 한 원인으로도 작용하였다.

이폴리토 데스테 추기경은 알렉산데르 6세의 증손자답게 지위와 돈을 대물림 받았다. 열 살 때 밀라노 대주교가 되었으며 이후에도 부유한 예술 애호가로 유명하였다. 그는 끊임없이 교황직에 도전하였으나 번번이 좌절되었다. 종교개혁으로 인한 격변기에 보르지아의 자손이라는 점도 핸디캡으로도 작용했다고 한다.

결국 티볼리 종신 지사에 임명된 그는 전망 좋고 수량이 풍부한 땅을 차지하게 되었다. 그리고 이곳에서 교황이 되지 못해 상처받은 마음을 달래려는 듯 호화판 빌라를 짓기 시작하였다. 마침 그가 자리 잡은 터에서는 로마시대 하드리아누스 황제가 만들어 놓은 빌라 하드리아누스가 가까웠다. 데스테 추기경은 유명한 조각가와 건축가를 불러 정원을 조성하면서, 하드리아누스 정원에 있던 고대 로마의 아름다운 조각들을 마음대로 파내서 자신의 정원으로 가져왔다. 이렇게 조성된 빌라 데스테는 그후 여러 예술가들의 손을 거치면서 멋진 정원이 되었다.

빌라 데스테에 입장하면 먼저 궁전이 나온다. 데스테 추기경의 사저이다. 아름다운 벽화나 천장화들이 있는 방을 지나면 널찍한 테라스가 나온다. 테라스에서 내려다보는 전망이 일품이다. 끝없이 펼쳐진 듯한 풍요로운 전원은 저 멀리 지평선에서 구름 한 점 없이 맑고 푸른 하늘과 만난다. 군데군데 보이는 붉은 빛이 도는 농가의 빛바랜 지붕들도 황금빛 햇살을 받아 은은한 느낌을 발산한다. 교황이 되지 못한 데스테 추기경이 이 자리에서 로마의 황제처럼 지내면서 상처받은 자존심을 스스로 위로하려고 한 것이 아닐까 하는 생각도 해 본다. 전망 좋은 이 자리에 서면 당대의 부호이자 세력가인 추기경이 빌라를 지은 이유를 어렵지 않게 짐작할 수 있다.

테라스에서 계단을 내려가면 온갖 형상의 물줄기가 용솟음치는 분수 정원이 나온다. 빌라 데스테의 설계자들은 지대의 높낮이를 이용하고 수량을 조절하여 많은 분수들을 조성하였다.

맨 먼저 대하는 멋진 분수는 백 가지 동물의 두상으로 만든 '센토 폰타네'이다. 백 가지 동물들의 두상을 나란히 설치하고 그 입에서 물줄기가 분출되게 하였다. 늑대, 양, 사자, 말, 원숭이 등 여러 동물의 두상이 길게 늘어선 모습과 돌담장에 자란 풀들이 어우러져 환상적인 분수의 모습을 연출한다. 익살스럽게 표현된 동물의 두상 사이 군데군데에 추기경 가문의 문장인 독수리의 돌 조각상들이 있다. 분수 앞길을 천천히 걸어가면서 조각도 감상하고 물줄기가 쏟아져 내리는 소리도 듣는다. 시원한 기분이 들면서 흐르는 물줄기에 집중하게 된다.

분수와 푸른 정원이 만들어 내는 경이로운 모습의 정원을 감상하며 걸어가다 보면 커다란 물줄기가 원형으로 쏟아지는 '오바토 분수'가 나온다. 빌라 데스테를 대표하는 분수로 16세기에 설계되었다. 분수 위에는 〈비너스 상〉이 있다. 커다란 오바토 분수 주위에도 작은 물줄기들이 여럿 쏟아져 나온다. 이 분수 주위에는 벤치도 있다. 벤치에 앉아 분수에서 쏟아지는 물줄기를 감상한다. 매 순간 변하는 물줄기의 모습과 물줄기가 내는 소리가 만들어 내는 또 다른 공간이 있는 듯하다. 그 공간에서는 시간이 멈춘 듯하다. 분수를 가만히 보다 보면 시간 가는 줄 모르고 넋을 잃고 보게 된다. 분수가 주는 마력이다.

오르간 분수는 아름다운 벽장식과 아폴로 상 등의 조각을 갖추고 있다. 물소리가 아름다워 처음에 악기가 숨겨져 있는 듯 착각을

갖가지 동물의 형상을 담은 센토 폰타네

◆
빌라 데스테를 대표하는 오바토 분수

불러 일으켰다고 한다. 오르간 분수를 지나 그 아래로 내려가면 스케일이 장대한 넵튠 분수가 나온다. 중앙에 흘러내리는 물줄기는 작은 폭포 수준이다. 양 옆에는 커다란 분수의 물줄기가 힘차게 위로 솟구친다. 폭포수는 폭이 좁은 구간을 통해 아래로 쏟아진다. 가만 보니 물은 밑으로 쏟아질 때는 뭔가에 부딪치면서 포말을 일으키며 흰색을 띤다. 아무런 저항 없이 떨어질 때는 투명하다. 물줄기가 위로 솟구칠 때에는 흰색이다. 투명과 흰색을 절묘하게 조화해 놓은 물의 흐름에서 퍼지는 소리가 듣기 좋다. 아무 생각 없이 얼마든지 물 흐르는 소리만 듣고 지낼 수 있을 듯하다.

빌라 데스테에는 이러한 커다란 기념비적인 분수만 있는 것이 아니다. 잘 조성된 정원 곳곳에 로마의 조각상들과 조그만 분수들이 설치되어 있다. 다산을 상징하는 유방이 많은 로마의 여신 〈다이아나 상〉, 〈아폴로 상〉 등이 있고 이름 모를 험상궂은 두상도 있다. 용과 돌고래의 형상을 한 조각들도 있다. 나무와 숲에 둘러싸인 공간에 들어가 오래된 조각에서 분출하는 투명하고 가느다란 물줄기가 허공을 가르는 광경을 감상하는 것도 좋다.

빌라 데스테는 아내가 특히 좋아한다. 탁 트인 전망과 시원한 분수 때문인 것 같다. 가만히 혼자서도 정원 이리 저리로 분수를 바라보면서 잘 다닌다. 아내를 보니 확실히 남성보다는 여성이 자연친화적인 것 같다. 아내는 가정을 꾸리면서 받는 압박과 스트레스를 해소할 방도가 사실 별로 없다. 남자들은 바깥에서 일하느라 바쁘다

◆
빌라 데스테에서 가장 장대한 넵튠 분수

는 핑계를 대지만 아내가 결국 가정사의 최종 책임자가 된다. 빌라 데스테 공원의 숲길을 이리 저리 홀로 산책하는 아내의 뒷모습을 보면서 남편과 자식들의 건강이나 장래 등의 최종 책임자라는 생각을 갖고 산다는 게 얼마나 힘든 일인지 짐작할 수 있을 것 같다.

5백 년 전 세계 최대 도시 로마의 대부호가 지은 초호화별장에서 지구를 반 바퀴 돌아서 찾은 가난한 여행자가 잠시나마 안식을 구할 수 있다는 사실은 아이러니이다. 가난한 사람은 부자를 증오한다지만 이처럼 아름다운 빌라를 남긴 데스테 추기경을 비난할 수 있을까? 사실 인류의 문화유산들의 상당수는 당대의 권력자들과 부호들의 후원으로 제작되었다. 레오나르도 다빈치나 미켈란젤로도 결국은 권력자들과 부호들의 후원이 없었다면 천재성과 예술혼을 후세에 남기기 어려웠을 것이다.

관광대국 이탈리아에 대해 "조상들이 남겨 놓은 유물로 먹고 사는 나라"라고 조롱하는 사람들이 적지 않다. 열심히 일해서 수출 많이 해서 잘 살게 된 한국 사람들도 이런 이야기를 많이 한다. 하지만 이탈리아의 유적들을 순례하려고 전 세계에서 몰려드는 사람들을 보면 과연 우리나라는 무엇을 후세에 남겨주는가 고민하게 된다.

몇 년 전에 드라마 〈조선왕조실록〉의 작가인 신봉승 선생을 만났을 때 "우리나라에는 왜 유럽처럼 세계의 관광객들을 끌어들일만한 건축물이나 예술품들이 없나요?" 하고 물은 적이 있다. 신 선생은 간명하게 답하였다.

빌라 데스테에는 갖가지 조각상에서 물줄기를 뿜는다.

"조선의 선비들은 가난하게 사는 게 목표였기 때문이요."

신 선생의 답을 듣고 아주 정확한 지적이라고 생각했다.

사실 지금 로마의 박물관 소장품들은 대개는 부호들의 개인 재산
이었다. 어느 나라나 그렇다. 러시아의 에르미타쥐 박물관처럼 황제
들이 대를 이어가며 국고를 들여 사들인 경우도 있다. 미국이나 어
느 나라나 국가나 부자들이 예술가들을 후원하거나 고급 작품들을

◆
빌라 데스테 정원에 설치된 계단길

사들인다. 이렇게 훌륭한 예술품들을 사들여 놓으면 나중에 더 큰 자산이 되고 후손들이 즐기고 누린다.

그런데 조선왕조에서 국왕이 미술품을 사들이거나 후원하였다면 조정의 신하들이 "도탄에 빠진 백성들을 돌보소서." 또는 "통촉하시옵소서" 하고 연신 상소문을 올리다가 댓돌에 머리를 깨뜨리려 들지 않았을까? 삶의 허무함을 맹신하게 만드는 라마교가 대몽골제국을

영원히 허물어뜨리듯, 가난을 추구하는 조선 선비들의 유교정신이 지금도 한국인들에게 전해져 예술과 경제의 발전을 가로막는 이데올로기로 작용하는 것은 아닐까.

빌라 그레고리아나

빌라 데스테를 나오자 오후가 되었다. 티볼리에는 빌라 데스테 말고도 빌라 아드리아나와 빌라 그레고리아나 등 두 개의 빌라가 더 있다. 오후 3시 30분에 출발하는 기차 시간까지 둘 다를 보기는 어렵고 하나를 선택해야 했다. 우리는 자연경관이 잘 어우러졌다는 빌라 그레고리아나를 선택하였다.

빌라 그레고리아나는 자연의 폭포수가 있는 정원이라 해서 찾아갔다. 그런데 정원이라기보다는 트래킹 코스 수준이었다. 빌라 그레고리아나는 석기시대부터 사람이 살던 계곡이었다고 한다. 계곡의 끝에는 폭포가 있고, 양 옆에 숲이 형성되어 있다. 계곡을 내려다보는 언덕 위에 고대의 신전 건물이 아직도 잘 보존되어 있다. 신전에서 보면 깊숙한 계곡 전체가 거대한 정원이다. 입구에서 일단 폭포가 있는 저지대까지 내려갔다가 다시 올라가 신전으로 빠져나가는 트래킹 코스를 걸었다. 폭포에서 위에 있는 신전을 바라보는 광경이 한 폭의 그림이다. 르네상스 시대 성화의 배경을 이루는 듯하다. 그러나

빌라 그레고리아나
계곡 아래의 폭포와 위의 신전 풍경이 아름다운 조화를 이룬다.

한 바퀴 돌아나오느라 힘들었다. 아내는 특히 오르락내리락하는 산길 같은 코스를 힘들어 하였다.

바삐 다니다 보니 물만 마시고 식사를 하지 못하였다. 우리는 기차역 앞 식당에서 늦은 점심을 먹었다. 아내는 파스타를, 나는 옆 자리 손님이 먹는 것과 같은 메뉴를 시켰다. 커다란 접시 위에 각종 햄과 구운 가지 등 각종 야채가 먹음직스럽게 듬뿍 담겨 있었다. 오후 3시가 되었다. 로마 테르미니 역으로 가는 차가 15시 33분 출발하는데 30분밖에 시간이 없다. 내가 식당 여주인에게 '프레고'라고 말하고 스마트폰으로 미리 찍어놓은 기차 출발 시간 사진을 보여주었다. 그러자 알았다고 답한다.

주방에서 조리사인 듯한 할머니가 각종 햄 세 가지가 두 장씩, 치즈, 호박 가지 구이, 토마토를 얹은 빵, 피망 볶음과 빵이 담긴 큰 접시를 직접 들고 나왔다. 내가 급하다고 해서 직접 나르는 것은 아닌지 모르겠다. 인자한 표정의 할머니가 내 팔을 잡으며 서둘지 말라고 당부하신다. 고추장을 바른 듯한 맛의 얼큰한 햄이 특히 입맛을 돋우었다. 아내가 주문한 파스타도 맛이 좋았다. 물과 콜라가 포함된 식사비는 19유로였다.

로마 테르미니 역으로 돌아와 슈퍼마켓에서 커다란 애플망고 한 개와 붉은 고춧가루로 버무린 햄을 샀다. 10유로가 안 된다. 숙소에서 매운 햄에 애플망고를 싸 먹는 것으로 저녁식사를 때웠다.

DAY 13

로마의 성당들

로마는 아름다운 고전 건축물들로 가득찬 도시이다.
박물관이든 성당이든 내부에는 대가들의 회화나 벽화, 조각들이 보관되어 있다.
입장료를 받지 않는 성당들만 찾아다니며 작품 감상만 해도 시간이 가는 줄 모르게 된다.

로마에 머무는 마지막 날이다. 가까운 테르미니 역 주변에도 유명한 성당들이 많이 있다. 숙소에서 바로 나와 온종일 걸어 다니면서 유명한 성당들을 찾아다니며 관람하였다.

산타 마리아 마조레 성당

맨 먼저 찾은 곳은 교황의 성당인 산타 마리아 마조레 성당이다. 로마의 7개 언덕 가운데 가장 높은 언덕에 자리 잡고 있다. 바티칸 소유의 성당이어서 이탈리아 경찰이 아닌 바티칸 당국이 경비한다. 성당 건립과 눈에 얽힌 전설이 전해지고 있다. 로마시대에 요한이라는 이름의 귀족부부는 성모 마리아를 위하여 재산을 기증할 결심을 하고 방법을 고심하고 있었다. 그런데 8월 한여름 밤에 로마에서는 가장 높은 에스퀼린 언덕에 눈이 내렸다. 부부는 성모 마리아도 목격하고, 언덕 위에 성모 마리아에 헌정하는 성당을 건립하게 되었다는 전설이다.

산타 마리아 마조레 성당
내부 천장은 신대륙에서 가져온 금으로 장식되어 있다.

◆
산타 마리아 마조레 성당의 시스틴 경당

5세기에 건축된 이 성당은 로마에서는 가장 높은 곳에 자리 잡은 가장 큰 성당이다. 14세기에 추가된 종탑의 높이도 75m에 달한다. 성당 내부에는 커다란 돔 천장이 있고 다양한 프레스코가 장식되어 있다. 모자이크 천장화는 성당이 건설되기 시작한 5세기에 제작된 것이다. 신도석 천장의 격자무늬 장식은 황금으로 뒤덮여 찬란하게 빛난다. 이 황금은 15세기 신대륙 발견 이후 남미에서 들여온 것으로, 당시 스페인 국왕이 스페인 출신의 교황 알렉산데르 6세에 선물하였다고 한다.

이 성당에는 베들레헴에서 예수가 탄생할 때 사용되었던 나무로 된 말구유가 보관되어 있다. 말구유가 보관된 지상에는 시스틴 경당이 조성되어 있다. 시스틴 경당에는 네 천사들이 시스틴 성당 모형을 들고 있는 모습을 담은 동상이 있다.

교황이 무릎 꿇고 기도하는 모습을 조각한 작품도 있다. 교황들의 묘지도 여럿 있다. 4세기에 성경을 라틴어로 번역한 성 제롬의 무덤, 조각가 베르니니의 무덤도 있다.

산타 마리아 마조레 성당 내부에 있는 교황이 기도하는 모습을 담은 조각상

산타 프라세데 성당

산 조르지오 마조레 성당과 지척에 있다. 작고 소박한 성당이지만 오래된 모자이크화가 깊은 인상을 주었다. 로마에서 가장 오래된 성당 중의 하나로 4세기에 세워졌다. 2세기에 순교한 기독교도들을 위한 장지葬地를 제공했다는 이유로 역시 순교한 성처녀인 프라세데의 유물을 보관하고 있다.

천장에는 성 프라세데와 관련된 모자이크가 제작되어 있다. 가운데 예수가 있고 왼편에 성 바울이 성 프라세데를 예수에 소개하고 있다. 그 옆에 이 성당 건축을 지시한 당시의 파스칼 교황재위 817~824이 손에 든 성당을 헌정하고 있다. 파스칼 교황의 후광이 사각 형태인 것은 모자이크 제작 당시 살아있기 때문이라고 한다. 예수의 우측에는 성 베드로가 성 프라세데의 자매 성녀를 소개하고 있다. 9세기에 제작된 이 모자이크화는 인물의 표현이나 색깔의 구성 등이 매우 아름답다.

이 성당의 벽에는 프레스코화의 초기 형태가 보존되어 있다. 8세기에 제작된 것들도 있다. 성 프라세데의 일생을 묘사한 것이 많으며 대부분 작가 미상이다. 르네상스 시대의 화려한 벽화들에 비하면 투박한 그림들이지만 오히려 순박한 형태가 깊은 신앙심을 드러낸다.

산타 프라세데 성당 내부
모자이크화의 초기 형태가 아름답다.

산타 프라세데 성당의 벽화들

산 피에트로 인 빈콜리 성당

산 피에트로 빈콜리는 쇠사슬에 묶인 성 베드로라는 의미이다. 5세기에 지어진 오래된 성당으로 규모도 크지 않다. 성 베드로가 예루살렘에 있을 때 붙잡혀 묶였던 쇠사슬이 보관되어 있다. 지금도 유리상자에 보관되어 전시되고 있다. 로마가톨릭의 성물이다. 성당 내부의 천장화에도 교황이 이 쇠사슬을 여성 환자의 목에 대고 치유하는 내용이 담겨 있다.

이 성당을 찾은 이유는 미켈란젤로의 걸작 〈모세상〉을 보기 위해서였다. 〈모세상〉은 미켈란젤로가 제작한 교황 율리우스 2세 묘비의 중심을 차지하고 있다. 모세의 머리에는 뿔이 나 있다. 히브리어에서 뿔과 빛은 같은 단어라고 한다. 조각으로는 빛의 형상을 표현할수가 없기 때문에 뿔이 달린 모습을 만들었다. 모세는 화가 난 듯한 얼굴로 뭔가를 노려보고 있다. 왼쪽 다리를 보면 자리에서 막 일어나려는 동작이다. 십계명이 적힌 판은 오른팔에서 떨어지기 직전이다.

이집트에서 탈출한 유대민족이 광야에서 이교도 우상을 만들어 숭배하는 모습을 보고 분노한 모세가 자리에서 일어나 꾸짖기 직전의 모습을 담았다. 〈모세상〉 위에는 율리우스 2세 교황의 조각상이 있다. 미켈란젤로는 율리우스 2세의 조각상을 성당과 비슷하게 했다. 교황의 모자는 성당의 돔의 형태이다.

산 피에트로 인 빈콜리 성당에 설치된 미켈란젤로의 〈모세상〉
교황 율리우스 2세 묘비의 한가운데를 차지하고 있다.

산 피에트로 인 빈콜리 성당에는
성 베드로를 묶었던 것으로 전해지는 쇠사슬이 보관되어 있다.

산 카를로 알레 콰트로 폰타네 성당

산 카를로 알레 콰트로 폰타네 성당은 카를로 성인에 헌정된 성당으로 바로 앞에는 두 길의 교차로가 있으며, 모퉁이마다 한 개씩 모두 네 개의 분수가 있다. 성 카를로는 16세기 밀라노의 성직자로 빈민구휼에 힘썼던 인물이다. 그는 신교도들에 대한 가혹한 탄압을 주도하기도 하였다. 사후에 추성되었다.

보로니니1599~1667의 설계로 1646년에 완성된 이 작은 성당은 바로크 시대 건축의 명작으로 평가를 받는다. 전면부 테두리가 물결 같은 곡선이다. 기존의 성당들이 대부분 직선으로 마무리되어 엄숙한 분위기를 자아내는 것과는 완전히 다르다. 곡선으로 되어 있는 만큼 부드럽고 따뜻한 분위기를 연출한다. 전면부는 2층으로 되어 있는데 각 층마다 코린트식 기둥 네 개가 지지하고 있다. 층 사이와 꼭대기 처마도 모두 곡선으로 되어 있어 부드러운 분위기를 더해 준다. 내부로 들어가도 여덟 개의 높은 기둥으로 인해 좁은 성당이 좁아 보이지 않는다.

이 성당에서 가장 눈여겨보아야 할 부분은 바로 내부의 돔 천장이다. 천장안은 타원형이며, 자연채광이 되고 있어서 매우 밝다. 그러나 창문은 밑에서는 보이지 않도록 가려져 있다. 그리고 돔은 중앙에만 성령의 상징인 비둘기가 그려져 있을 뿐 다른 성당들처럼 천

산 카를로 알레 콰트로 폰타네 성당은 작지만 건축의 명작으로 평가된다.

장화가 없다. 그 대신 정팔각형, 육각형, 십자가 문양이 반복되며 평면을 완전히 채우고 있다.

도형들은 사람의 불완전성을 상징하는 듯하다. 불완전한 인간들이 십자가가 상징하는 예수의 희생을 통해 구원받고 세상을 완전하게 만들어간다는 의미를 함축하는 것 같다. 돔 천장을 이루는 도형들의 형태를 분명히 드러내는 밝은 자연채광 역시 예수의 구원과 사랑을 상징하는 듯하다.

중앙의 돔 천장 주변에도 둥근 천장들을 완벽한 기하학적인 대칭으로 배치하여 안정감을 선사한다. 꽃무늬들을 규칙적으로 배열하여 빈틈을 채우고 있다. 자세히 들여다보면 무늬들의 모양이 다 다르다. 어디 한 군데 빈틈이 없으면서 어디 한 군데 같은 곳이 없다. 하나님의 사랑이 생김새가 다른 개개인에게 하나같이 충만하다는 의미를 담은 것 같다. 신도석에 앉아서 천장을 바라보노라면 시선이 닿은 모든 곳이 경이롭다.

초기의 성당들은 빛이 도달하지 않는 천장에 모자이크로 성화를 제작하였다. 유리조각으로 제작되던 모자이크는 점차 황금으로 만들어지면서 영롱함과 신비감을 더하게 된다. 베네치아에 있는 산 마르코 성당에는 무려 8천㎡에 달하는 엄청난 넓이의 황금 모자이크 천장화가 설치되어 있다. 베네치아의 국력이 총동원된 작품이다.

산 카를로 알레 콰트로 폰타네 성당의 밝은 타원형 돔 천장

산 카를로 알레 콰트로 폰타네 성당 내부는 8개의 높은 기둥들 때문에 좁아보이지 않는다.

미켈란젤로는 성 베드로 대성당에 판테온을 원용한 돔 천장을 설계하였다. 보로미니에 이르러서는 오직 흰색의 도형과 자연채광만으로도 그 이상의 감동을 주는 설계가 가능해졌다. 크고 엄숙하고 화려한 성당들과 비교하면 모던하고 미니멀하다. 하지만 신도석에 앉으면 마음이 차분하게 가라앉는다. 안정감을 준다. 아내도 이 성당이 가장 아름다운 것 같다고 말한다.

이 성당의 크기는 산 마르코 성당이나 성 베드로 대성당 크기의 1백분의 1도 안 된다. 그러나 이 작은 성당에 담긴 지혜의 크기와 깊이는 그 거대한 성당들을 만들 때 필요했던 것보다 더 크고 더 깊을 것이다. 화려한 모자이크에서 단순한 기하학적 도형으로, 폐쇄된 천장에서 자연채광으로, 중후장대重厚長大에서 경박단소輕薄短小로 나아가는 설계는 생존을 위한 인간의 선택일까, 아니면 처음부터 정해진 진화의 방향일까?

더 많은 부와 권력을 추구하는 인간의 내면도 미니멀한 방향으로 변화해나갈 수 있을까? 작은 성당이 더 아름답다는 생각을 하면서 인류의 희망을 생각해 본다.

산타 마리아 델라 안젤리 에 데이 마르티니 성당

숙소로 돌아오며 테르미니 역 바로 건너편에 있는 산타 마리아 델라 안젤리 에 데이 마르티니 성당에 들렀다. 천사들과 순교자들의 성모 마리아를 위한 성당이라는 의미이다. 멀리서 봐도 로마시대에 붉은 벽돌로 만든 거대한 구조물이다. 기독교를 박해한 디오클레이티아누스 황제의 목욕탕 건물이었는데 16세기에 교황 비오 4세가 성당으로 개조하도록 미켈란젤로에 설계를 맡겼다.

이 성당뿐만 아니라 로마시대의 신전을 가톨릭교회 건물로 전용하는 경우는 많다. 판테온이 대표적인 경우라 할 수 있다. 얼핏 이교도들의 신전은 속 시원하게 때려 부수고 철거하는 게 맞다는 생각도 들 수 있다. 그러나 부수기는 쉽지만 새로 짓기란 얼마나 어려운가? 부수는 일은 순식간에 가능하지만 건설은 누적된 지혜가 총동원되어야 하고 많은 인력과 자본이 투입되어야 한다. 종교로서의 유통 기한이 만료된 이교 신전 건물은 그 자체로 훌륭한 문화유산일 뿐이다. 훌륭한 건축물은 용도를 바꾸어서라도 다시 사용하는 게 실용적이다.

이 성당은 외부에서 보면 투박하고 거대한 로마시대의 건물이다. 안으로 들어가면 로마제국의 건물답게 엄청나게 커다란 붉은색의 화

산타 마리아 델라 안젤리 에 데이 마르티니 성당 내부

강암 기둥들이 높은 지붕을 떠받치고 있다. 로마 황제 목욕탕의 규모를 상상하기 어렵지 않다. 그런데 어마어마하게 큰 기둥들이 가톨릭 성당의 이미지와 절묘하게 맞아 떨어진다. 성당으로 개조할 때 만든 거대한 돔 지붕은 판테온의 돔을 모방한 형태이며, 성 베드로 대성당의 돔 지붕과도 흡사하다. 높이 열린 창문들을 통해 빛이 들어와 내부는 환하다. 현대 조각가들의 작품들도 설치되어 있다.

하루 종일 다리가 아프게 걸어 다녔다. 아내는 더욱 힘들어 하지만 내색은 하지 않는다. 다만 모른 척 포기한 듯한 자세가 더욱 신경 쓰이게 한다.

나폴리의 피자와
카라바조의 〈일곱 가지 선행〉

　　로마에서 고속열차 프레차로사를 타고 나폴리에 도착했다. 이제 이탈리아에서 프레차로사로 도시 사이를 이동할 일은 끝났다. 다음 일정지인 시실리 섬의 팔레르모에는 비행기를 타고 간다. 나폴리 중앙역 부근의 숙소에 짐만 맡기고 바로 지하철을 타고 나폴리의 명물인 피자를 먹으러 갔다. 가리발디 역에서 톨레도 역으로 가기 위하여 지하철을 탔다. 덩치 큰 장년의 대머리 백인이 승객들 틈을 비집고 나와 아내 사이에 끼어든다. 그 틈을 타고 다른 젊은 백인 한 명도 끼어든다. 그 사이에 원래 있던 또 다른 젊은 백인 한 명이 내가 바라보자 두 손으로 손잡이를 잡는다. 혹시 자신은 소매치기가 아니라는 사실을 알리려는 행동일까 하고 생각하며 앞가슴에 두른 백을 점검하였다. 백의 지퍼는 잠긴 채였다. 갑자기 끼어들었던 대머리 백인과 젊은이가 다음 역에서 바로 내렸다. 소매치기가 틀림없는 것 같았다. 아내는 "잘 차려 입은 백인 아저씨도 소매치기를 하네." 하며 웃으며 여유 있게 말한다.

◆
나폴리 궁전 내부
백색인데다 공간도 널찍널찍하여 시원한 느낌을 준다.

우리는 다음 역인 톨레도 역에서 내렸다. 역을 나서면 바로 톨레도 거리이다. 나폴리의 중심가이다. 왕궁 등이 자리한 플레시비토 광장과도 가깝다. 이면도로는 먹자골목이다.

마르게리타 피자

마르게리타 피자의 원조라는 식당을 찾아갔다. 식당 실내 벽에 유명 인사들의 방문 사진이 즐비하다. 마르게리타 피자를 시켜서 먹었다. 이탈리아 통일 직후인 1889년에 나폴리를 방문한 사보이의 마르게리타 여왕이 맛보고 흡족해 했다는 피자이다. 바질, 모짜렐라 치즈, 토마토 등 세 가지 재료로 초록색, 백색, 적색의 이탈리아 국기의 색깔을 냈다고 한다.

매우 담백하지만 약간 향긋한 맛이 나는 듯하다. 피자를 먹을 때 항상 소고기, 햄, 베이컨, 버섯 등 여러 가지 토핑을 얹어 먹은 경험이 있는 나로서는 뭔가 빠진 듯한 허전한 느낌을 지울 수 없다. 마르게리타 여왕이 이 3색 피자를 좋아한 이유가 혹시 다이어트에 좋다고 생각한 때문이 아닌지 모르겠다. 주위의 다른 손님들을 보니 남녀불문 피자 하나씩을 주문해 먹는다. 여자는 피자의 가장자리 두터운 부분을 남기기도 한다.

나폴리 궁전

　　피자를 먹고 유명 건축물들이 있는 플레시비토 광장으로 향했다. 맨 먼저 나폴리 궁전에 들렀다. 로마나 피렌체의 화려함에는 비할 수 없지만 널찍널찍 시원시원하게 지어 놓았다. 벽장식으로 걸려 있는 커다란 태피스트리들이 인상적이었다. 그 중에는 그리스 신화에 나오는 바다의 신 넵튠과 두 아들 트리톤이 해마를 다스리는 장면을 수놓은 것도 있다. 로마 트레비 분수의 내용과 비슷하다. 해마 앞에 있는 장어와 랍스터 등이 있다. 바다에 인접한 도시답게 다양한 바다 생물들을 수놓은 듯하다. 마차를 타고 있는 넵튠 옆에 아름다운 여인이 있는 것도 트레비 분수의 조각상과 다르다. 넵튠의 부인인 살라키아이다.

　　살라키아는 평온한 바다를 상징하는 여신이다. 여기 태피스트리에서도 조신한 모습이다. 살라키아가 남편 넵튠을 존경의 눈빛으로 바라보는 것 같지만, 아닌 것 같기도 하다. 뽀얀 얼굴에 헤어스타일도 단정한 살라키아는 흰 머리와 흰 수염을 산발하고 있는 넵튠과 너무 비교된다. 신화가 아니라 현실이었다면 부부생활이 잘 유지되지 않았을 것 같다.

　　그림에 있는 살라키아처럼 단정한 부인들은 넵튠처럼 긴 머리와 긴 수염을 바람에 휘날리며 와일드하게 다니는 남편들을 잘 참지 못한다. 태피스트리에서도 웃통 까고 삼지창으로 물고기를 겨냥하고

그리스 신화에 나오는 넵튠과 그 아내 살라키아를 담은 자수

있는 넵튠을 살라키아가 경이로운 눈빛으로 바라보고 있다. 그런데 큰 눈의 살라키아가 보기에 따라서는 한심하다는 표정으로 바라보는 것 같기도 하다. 오버하는 남편을 커다란 눈으로 책망하는 표정 같다. 넵튠은 바쁜 척하며 살라키아의 눈길을 피하는 듯하다.

넵튠이 바다의 신이 아니었다면 살라키아가 거들떠보기나 했을까? 아닌 게 아니라 신화에서도 살라키아는 처녀로 살겠다며 넵튠의 구혼을 완강하게 거부한다. 넵튠이 왕좌에 함께 앉자고 제안하여 겨우 결혼에 골인하였다. 가정생활이나 부부관계에서 남녀가 대등하고 평등하게 살아야 한다는 알레고리 아니었을까. 수천 년 전 그리스 신화에 나오는 내용이 현대의 남녀관계와 다르지 않다는 생각이다.

튀김피자

궁전에서 바닷가로 나가 잠시 산책하였다. 빗방울이 떨어져 서둘러 나폴리 두오모로 향했다. 그런데 가는 길에 빗방울이 점차 굵어졌다. 톨레도 거리를 다시 지나는데 한 상점 앞에 아주 많은 젊은이들이 줄을 서 있다. 비가 내리는데도 처마에 들어서서 피자처럼 보이는 것을 먹고 있다. 나도 줄을 섰다. 상점 안에 들어가 보니 창업주인 듯한 할머니의 얼굴 사진과 교황의 얼굴 사진이 액자에 담겨 벽에 붙어 있다. 틀림없이 나폴리의 전통 맛집이라는 생각

◆
플레시비토 광장의 튀김피자 맛집 앞에 사람들이 줄을 서 있다.

◆
주방에서 튀김피자를 만드는 광경

이 들었다. 우리나라 은행처럼 대기 번호표도 발행해 준다.

얼핏 보니 피자처럼 반죽을 하는데 기름에 튀겨낸다. 튀김피자이다. 한 40분쯤 기다려 겨우 먹었다. 반죽 안에 토마토나 치즈 등을 넣고 기름에 튀겨낸다. 즉각 튀긴 것이라 안에 있는 따뜻한 토마토 국물이 일미이다. 한 개에 3.5유로이면 괜찮은 가격이다. 현지의 젊은 이들이 줄을 서는 데는 다 이유가 있다.

톨레도 거리의 옷가게들은 대부분 세일을 하고 있었다. 이곳은 밀라노나 피렌체 등에 비하면 가격도 싸고 유명 브랜드도 많지 않다.

나폴리 두오모로 가는 길은 톨레도 거리에서 이면도로의 좁은 골목길들을 지난다. 먹자골목 같은 길이다. 이탈리아의 도시 어디나 그렇지만 좁디좁은 골목길로 소형 자동차들이 뻔질나게 달린다. 위험스럽지만 당사자들은 일상인 듯하다.

풀치넬라

음식점들이 늘어선 골목에 사람들이 줄을 서 있다. 다가가 보니 풀치넬라Pulcinella라는 두상의 코를 만지고 있다. 사람들이 워낙 많이 만진 탓에 동상의 코가 반질반질하게 황금색으로 빛난다. 나폴리에는 풀치넬라의 코를 만지면 행운을 가져다 준다는 속설이 있다. 풀치넬라는 이탈리아 전통 희극에 나오는 캐릭터이다. 어떤 어려움이 닥쳐도 웃음을 잃지 않으며, 강자를 조롱한다. 현명하지만 속마음을 감추지 못하고 드러낸다. '풀치넬라의 비밀'은 공공연한 비밀이라는 의미이다. 나폴리 사람들의 기질을 드러내는 캐릭터이며 나폴리의 상징물이다.

◆

나폴리에는 전통 희극의 주인공 풀치넬라의 코를 만지면
행운을 가져다 준다는 속설이 있다.

나폴리 두오모

　　나폴리의 두오모는 로마시대인 4세기에 순교한 성 제나로에 헌정된 성당이다. 이 성당에 보관된 성 제나로의 피는 굳은 상태이지만 한 해에 세 차례 액체 상태로 변하는 기적을 일으킨다고 한다. 그럴 때마다 나폴리에서는 성대한 축제가 벌어진다. 성 제나로

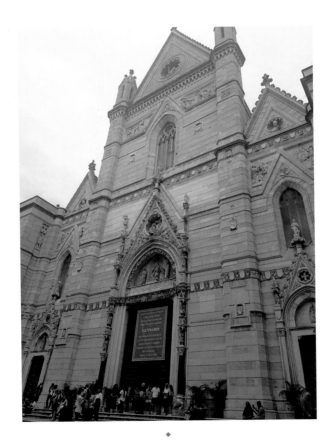

나폴리 두오모

나폴리 거리의 한 건물 벽에 그려진 성 제나로
이탈리아 북부의 백인들과는 다른 얼굴 모습이다.

의 기적은 과학적으로 불가능한 일이라고 말하는 사람들도 많다. 반면에 특정한 용기에 담긴 모든 피는 응고되었다가 흔들면 다시 용해되는 특성을 지닌다고 발표한 학자도 있다. 과학자들의 이러한 노력이 성 제나로의 기적을 믿는 나폴리 가톨릭 신도들의 마음을 흔들 가능성은 별로 없다.

종교적인 믿음은 개인적이다. 그리고 과학적으로 설명하기는 매우 어렵다. 나폴리의 가톨릭 신도들이 성 제나로의 기적을 믿으면서 축제에 참여하고 스스로도 구원을 얻는다고 생각하고 행복해한다면 그만이다. 이 성당에는 평일 저녁인데도 신부들이 신도석에 나와 앉아 있다. 지나가는 사람들과 인사도 한다. 성당의 한켠에 있는 기도실에는 1천 년도 더 된 모자이크 벽화도 있다.

카라바조의 〈일곱 가지 선행〉

두오모 가까이에 있는 피오 몬테 델라 미제리코르디아 성당을 찾았다. 카라바조의 〈일곱 가지 선행〉이라는 작품이 전시되고 있는 곳이다. 개인 예배당이라는 이유로 입장료를 8유로나 받는다.

로마에서 잘 나가던 카라바조가 상대적으로 후진 지역인 나폴리를 찾은 데는 사연이 있다. 카라바조는 1600년 로마 산 루이지 데이 프란체시 성당에 〈성 마태오 3부작〉을 전시하여 대성공을 거둔다. 서른 살 때였다. 요즘으로 치면 블록버스터 급 흥행 대박을 터뜨린 카라바조에게 후원자들이 밀려들어 많은 작품을 남겼다.

그런데 카라바조는 난폭한 성격과 싸움질로 악명이 높았다. 1606년에 살인을 저지른다. 역사학자들은 도박 빚으로 다투다 벌어진 상해치사 사건으로 보기도 한다. 여하튼 로마에서 살인혐의로 수배된 카라바조는 나폴리로 달아난다. 나폴리에서 남긴 그림 중의 하나가 〈자비의 일곱 가지 행위〉라는 제목의 걸작이다. 미제리코르디아 성당에서 활동하던 자선단체의 의뢰로 제작하였다.

일곱 가지 선행은 예수가 감람산에서 말한 심판의 날에 창세로부터 예비된 나라를 상속받게 될 '내 아버지께 복 받을 자들'에 관한 설명이다. 복 받을 자들은 "내가 주릴 때 먹을 것을 주었고, 목마

카라바조의 〈일곱 가지 선행〉

를 때에 마시게 하였고, 나그네 되었을 때 영접하였고, 벗었을 때 옷을 입혔고, 병들었을 때 돌아보았고, 옥에 갇혔을 때 와서 보았느니라."《마태복음》 25장 35~36절)

예수는 곧 이어 마귀에 예비된 불에 들어갈 악행으로 "내가 주릴 때 먹을 것을 주지 아니하였고, 목마를 때에 마시게 하지 아니하였고, 나그네 되었을 때에 영접하지 아니하였고, 벗었을 때에 옷 입히지 아니하였고, 병들었을 때와 옥에 갇혔을 때에 돌아보지 아니하였노라."고 말하며 같은 내용의 선행을 역으로 거듭 강조하였다.《마태복음》 25장 42~43절) 카라바조의 그림에 담긴 일곱 가지 선행의 퍼즐을 풀어보면 다음과 같다.

1. 우측 뒤에 횃불을 든 사람과 또 한 사람이 죽은 사람을 묻어주고 있다. 죽은 사람은 발만 보인다.

2~3. 그 앞에 한 여인이 감옥을 찾아 갇힌 자를 찾아가, 굶주린 자에게 젖을 물리고 있다. 로마시대에 옥에 갇혀 굶어죽게 된 아버지를 찾아가 젖을 먹인 딸 페로 이야기를 연상시킨다.

4~5. 주저앉은 헐벗은 거지를 위하여 여행의 성인인 성 마르티노가 망토를 찢어주고, 위로하고 있다.

6. 모자에 조개가 붙은 순례자에게 한 남성이 숙소를 제공하여 나그네를 영접하는 선행을 베풀고 있다.

7. 좌측 끝에 목마른 삼손이 당나귀 턱뼈에 담긴 물을 마시고 있다. 사막에

미제리코르디아 성당에서 귀족들이 모여 선행을 논의하던 장소

서 당나귀 턱뼈로 적들을 죽이고 나서 갈증이 난 삼손이 이교도들의 손에 죽게 될 처지를 한탄하였다. 그러자 하나님이 사막에서 물이 솟아나게 하고, 삼손이 그 물을 마시고 깨어났다는 구약성경 내용에 바탕을 두고 있다.

그림에는 명암을 극명하게 대조하여 인물의 행위를 강조하는 카라바조의 특징이 잘 드러나 있다. 위에 천사의 날개는 창문과 같은 인상을 준다. 그 위에 성모 마리아가 아기 예수를 안고 있다. 천국에서 일곱 가지 선행을 직접 굽어 살피는 자세이다. 카라바조는 사람들로 하여금 밝게 빛나는 선행을 보도록 유도하고 있다.

카라바조가 이 그림을 남긴 성당은 나폴리의 귀족 일곱 명이 선행을 위하여 정기적인 모임을 갖던 자리이기도 하다. 지금도 이들 7인의 선한 귀족들이 모여서 회의를 하던 탁자 등이 그대로 남아 있다. 한편으로는 로마에서 한창 잘 나가다가 쫓기는 신세가 된 카라바조가 하나님의 자비를 구하는 의미에서 제작한 그림 같다는 생각도 들었다.

숙소로 가기 위하여 나폴리의 골목길을 걸었다. 거리 한가운데에 도처에 빨래가 널리고, 조그만 아이들이 지나가는 사람들에게 손을 흔들고 웃어 보인다. 아파트 창문 밖으로 거구의 중년 여성들이 밖으로 담뱃재를 털어낸다. 빠르게 어둠이 내리는 나폴리 가난한 골목의

나폴리의 뒷골목 거리 풍경

한가로운 저녁 풍경이다.

밀라노에서 몰타까지 가는 이번 여행길에서 나폴리는 이탈리아 반도의 마지막 여행지이다. 나폴리에서 시실리 섬까지는 비행기로 갈 예정이다. 나폴리에서는 화산에 묻혀 사라졌던 로마의 유적지 폼페이와 휴양지 카프리 섬 등이 이름 높은 관광지이다. 그런데 최근에는 바닷가의 아말피가 유명해졌다. 우리는 카프리 섬 대신 아말피를 가 보기로 하였다.

아말피 두오모의 성 안드레

아침 일찍 일어나 아말피로 향했다. 날씨도 화창하였다. 비 내리는 폼페이는 관광이 가능하지만 비 내리는 아말피는 가 볼 필요가 없다. 비 내리는 바다는 잿빛이다. 낮에도 춥고 어두워 우울해지기 십상이다. 바다는 변덕이 심하다. 푸른 바다는 볼 수 있을 때 보아야 한다.

아말피까지 가려면 나폴리에서 살레르노까지는 기차로, 살레르노에서 아말피까지는 시타 버스로 간다. 나폴리로 돌아올 때에는 아말피에서 소렌토까지는 버스로, 소렌토에서 나폴리까지는 기차를 탄다.

당초에는 아침 7시 50분 레조날레 기차를 타고 살레르노로 갈 계획이었지만 아침식사하고 세수하느라 늦어졌다. 기차역으로 가서 8시 35분 열차표를 사려고 했으나, 시간이 안 될 것 같아서 8시 50분 표를 샀다. 그런데 8시 35분 기차가 35분 연착이다. 결국 9시 10분쯤 기차가 출발했다. 타고 보니 의자에 '인터시티'라고 적혀 있다. '인터시티'는 가격이 레조날레의 4.7유로보다 두 배쯤 비싼 9.5유로이다. 무료로 좌석이 업그레이드된 셈이다.

　살레르노에 도착하여 아말피로 가는 시타 버스표를 구매하였다. 10시에 출발하는 버스를 기다렸다. 더워지기 시작하였다. 버스 정류장에 줄을 서서 기다리는데 막상 버스는 저 앞에 정차한다. 사람들이 우루루 몰려가 타버리니 나와 아내는 빈 자리가 없어서 서서 갔다. 버스에 서서 왼편 유리창으로 창밖의 경치를 바라보았다. 꼬불꼬불한 산길을 가면서 바다에 면한 마을들을 보는 게 이 버스를 타는 재미이다. 친퀘테레와 비슷한 경치인데 훨씬 길고, 꼬불꼬불하고, 마을들의 규모도 크다. 서서 가느라 그런지 마치 거대한 롤러코스터를 탄 느낌이었다. 차멀미가 시작되었다. 잠시 머리가 띵하고 식은땀이 났다.

　아말피는 한여름 지중해의 푸른 바다와 따가운 햇볕, 그리고 절벽 위에 세워진 아말피 마을의 아름다운 풍광을 즐기려는 관광객들로 들끓고 있었다. 지금은 관광으로 유명한 아말피지만 5세기경부터 12세기까지는 지중해 무역을 제패한 공화제 도시국가였다. 아말피 공국은 동로마제국 및 십자군이 출정한 중동지역, 북아프리카의

아랍지역 등과 일찍부터 특별한 무역관계를 유지하였다. 그러다 제노아, 피사, 베네치아 등이 해상세력으로 부상하면서 서서히 세력이 약화되다가 1137년 피사에 합병되었다.

아말피 대성당

아말피 버스 정류장에서 고개를 들어 산을 쳐다보면 바로 아말피 대성당이 눈에 들어온다. 가파른 경사면에 세워진 아말피 대성당은 아말피 공국의 영화를 어렴풋이 짐작하게 만드는 장엄한 건축물이다. 깊은 신앙심 없이는 세우기 어려운 기적 같은 건물이다.

8세기에 건축된 아말피 성당은 세월을 거듭하면서 증개축이 이어져 현재의 모습으로 완성되었다. 전면의 모습은 고딕 양식이기도 하지만 아랍식 아치형의 창문과 기둥들이 반복되는 형상이나 종탑 꼭대기의 문양 등은 아랍–노르만 양식이다.

아말피 대성당은 예수의 12사도 중의 한 사람인 성 안드레에 봉헌된 성당이다. 성 안드레는 성 베드로의 친동생으로 전해진다. 예수가 불렀을 때 베드로와 함께 고기를 잡고 있던 어부였다. 성 안드레의 유해는 동로마제국의 수도인 콘스탄티노플의 성당에 보관되어 있었다. 베네치아가 이끄는 4차 십자군이 콘스탄티노플을 약탈할 때

◆
아말피 두오모와 종탑
두오모의 기둥이나 종탑의 모양이 전형적인 아랍-노르만 양식이다.

X자형 십자가에 묶인 성 안드레 조각상

아말피 두오모는 내부의 좁은 공간을 짜임새 있게 활용하였다.

함께 갔던 아말피 성직자들이 성 안드레의 유골을 반출해 이 성당에 보관하였다고 한다.

성 안드레의 상징은 X자형 십자가이다. 성 안드레가 순교할 때 박해자들이 십자가에 매달아 못 박으려 하였다. 그러자 성 안드레는 자신은 예수처럼 십자가에 못 박힐 자격이 되지 못한다며 X자형 십자가에 손발도 못 박지 말고 밧줄로 묶어달라고 요구하였다고 전해진다.

아말피 성당 정문 바로 위에는 성 안드레의 모자이크화가 설치되어 있다. 그를 상징하는 X자형 십자가와 물고기 두 마리도 함께 새겨져 있다.

아말피 성당은 가파른 계단 위 경사면에 세워져 바닥 면적은 작다. 그러나 내부에 들어가면 촘촘한 공간 구성으로 빈틈이 느껴지지 않을 정도로 밀도 있는 장식이 완비되어 있다. 황금으로 테두리를 두른 아치형 기둥과 지붕이 반복되어 있다. 좁은 공간을 최대한 활용한 설계이다. 한가운데에 검은색 대리석으로 만든 성 안드레의 조각상이 자리 잡고 있다. 중앙제단을 둘러싸고 있는 붉은색 기둥의 코린트 장식과 화려한 돌을 새긴 벽장식 등은 성 안드레를 수호성인으로 모신 아말피 주민들의 자부심을 보여준다.

바다에 면한 거의 깎아지른 듯한 험한 산자락에 아말피 공국을 건설한 사람들의 노-하우와 인내심, 그 바탕이 되었을 신앙심이 참 대단하다고 생각했다. 그러나 이들은 신앙에 속박되지 않고 이슬람

과 자유롭게 무역을 하였다. 베네치아가 이슬람에게는 전략물자를 팔지 말라는 로마 교황의 지시를 거부하면서 교역을 유지한 것과 흡사한 경우이다. 아말피 사람들도 나중에 나타난 베네치아 인들처럼 "우리는 무역 이외에는 달리 살 방도가 없다."고 속으로 다짐하지 않았을까?

1천여 년 전에 지도자를 선출하여 공화정을 유지했던 아말피 사람들의 정치의식도 놀랍다. 주민들이 지도자를 선출하고 돈 벌 자유와 사유재산을 인정하는 제도가 확립되어 있었기에 상인들이 험난한 뱃길도 마다하지 않았을 것이다. 공화정이라는 민주적인 정치체제도 개인의 경제적 자유와 사유재산권을 보장하기 위한 제도였다. 공화정과 사유재산권은 동전의 양면이다. 이 점에서도 무역으로 제국을 건설한 베네치아와 비슷하다. 아말피 공국도 베네치아, 제노아 등이 부상하기 전까지 5만여 명의 인구로 지중해 무역을 장악하며 부를 창출하였다. 한 나라가 시대를 앞서가는 것은 선진적인 정치 경제의식이 있었기에 가능했다.

아말피 해물탕

아말피는 중세 이후에는 관광이 주업이 된다. 그런 만큼 오래된 식당이나 메뉴도 많다. 아말피의 좁은 골목길을 돌아다

다양한 해물이 들어 있는 150년 전통의 아말피 해물탕

니다 1872년 오픈한 식당에서 점심을 먹었다. 이 집에서 1872년부터 했던 대표 메뉴인 해물탕을 주문했다. 웨이터가 그거 하나면 충분하니 다른 것은 안 시켜도 된다고 한다. 과연 대단한 해물탕이었다. 아내가 활짝 웃으며 매우 좋아하였다. 항상 돌아다니느라 다리가 아프다며 불평하는 아내를 기쁘게 하기가 이렇게 쉬울 줄이야! 해물탕을 사이에 두고 둘이서 마주앉아 좋아하는 사진을 찍어서 아이들에게도 보내주었다. 맛있겠다는 반응이 돌아왔다.

아말피의 해물탕에는 커다란 생선과 그보다 작은 생선이 각각 한 마리씩, 새우, 오징어, 가재, 홍합, 조개 등등 각종 해물이 들어 있다. 야채로는 방울토마토가 가득 들어 있다. 국물은 어떻게 끓였는지 한 국적으로 아주 시원하다. 아주 맛있는 식사였다. 배가 불러서 빵을 먹을 수 없을 정도였다. 아내는 작은 손으로 해물탕에 들어간 새우들을 맛있게 먹었다.

아내는 손이 작다. 그다지 크지 않은 나의 손바닥에 아내의 작은 손바닥과 손가락이 모두 들어온다. 아내가 어린 시절 장모님은 아내의 손이 커지라고 손가락을 잡아 빼듯이 잡아당기고 손바닥을 훑어 주기도 하셨다고 한다. 아내의 손은 어린 초등학교 시절에서 성장을 멈춘 듯하다.

아내는 작은 손 때문에 손해도 많이 보았다. 작은 손은 주위 사람들로부터 '애기손'이라는 조롱을 당하기 일쑤였다. 부엌에서는 작은 손 때문에 설거지나 음식을 담을 때 접시를 깨는 일이 잦았다. 아이들이 초등학생일 때였다. 큰 프라이팬을 기름으로 채우고 아이들 먹인다며 새우를 튀기고 있었다. 프라이팬 손잡이를 작은 손으로 들다가 놓치는 바람에 펄펄 끓는 기름이 다리에 엎질러져 큰 화상을 입고 병원에 며칠 동안 입원하기도 하였다. 아내의 다리에는 지금도 커다란 화상자국이 남아 있다.

작은 손의 원인으로 아내에게 어릴 적에 혹시 주먹을 꼭 쥐고 살았냐고 묻자 그런 것 같기도 하다고 말한다. 여자들이 아무래도 긴장을 하고 살아야 하는 시간이 더 길어서 그럴지도 모른다는 생각도 해 보았다.

해물탕을 다 먹고 나와서 젤라토 리모네 하나를 사서 나누어 먹었다. 선물로 가져갈 레몬사탕 2봉지도 샀다.

아말피에서 포지타노까지 이어지는
구절양장(九折羊腸)의 비좁은 해안가 도로에서 본 바다와 마을들

서둘러 소렌토로 향했다. 오전에 도착하자마자 표를 사두길 잘했다. 처음에는 친퀘테레에서처럼 뱃길로 소렌토까지 가면서 바다에서 육지를 감상하려 했지만 풍랑 때문에 배가 안 다닌다고 해서 버스표를 샀다.

이번에도 줄을 서는데 새치기들을 많이 한다. 그룹투어를 이끌던 한 여성 가이드가 먼저 가야 한다고 밀고 들어선다. 내가 막아섰다. 올 때 멀미를 했던 나야말로 버스를 타면 무조건 앉아서 가야 한다. 나도 무역으로 성공한 1천 년 전 아말피 사람들처럼 물러설 곳이 없었다. "라인을 지켜라. 내 뒤에 서라."고 말했다. 그 가이드 아줌마가 "중국인"이라고 소리치며 욕하는 듯하였다. 내가 "중국인 아니다."라고 소리 질렀다.

다행히 버스를 빨리 타서 바다 경치를 감상할 수 있는 왼편 좌석에 앉았다. 포지타노까지의 바다 절경을 아내와 편하게 즐길 수 있었다. 구절양장九折羊腸. 지중해를 향한 절벽에 난 단 하나의 길을 굽이굽이 돌아서 만원버스는 소렌토에 도착했다. 우리는 바로 연결되어 있는 사철을 타고 나폴리 가리발디 역에 도착했다.

과일이 먹고 싶었는데 마침 슈퍼가 보였다. 아내가 멜론과 애플망고, 매운 햄을 샀다. 호텔방에서 매운 햄에 멜론을 싸먹고 애플망고도 먹었다. 아내의 솜씨와 기지가 빛나는 순간이었다.

아말피를 하루 당일치기로 갔다 오길 참 잘했다는 생각이 들었다.

DAY 16

폼페이의 벽화들

폼페이는 서기 79년 베수비오산의 화산 폭발로 사라진 로마의 휴양 도시이다. 화산이 폭발하는 순간 온 도시가 화산재에 파묻혔다. 얼마 동안은 도굴범들이 값진 물건들을 도둑질하는 일도 있었지만 잊혀진 뒤 수백 년의 세월이 흘렀다. 폼페이 유적은 18세기에 들어서면서 발굴이 시작되었다. 오랜 세월 땅 속에 파묻혀 비바람에 풍화되거나 침식되지 않아 보존 상태가 좋다. 이 때문에 이곳에서 살던 부유한 로마인들의 생활상을 파악하는 데 큰 도움이 된다. 1세기에 파묻힌 거대한 타임캡슐이다.

폼페이 건축물들의 토대와 뼈대는 거의 그대로 남아 있다. 폼페이 유적을 걸어가면서 당시에 어떻게 이 정도로 수준 높은 생활을 영위할 수 있었는지 궁금했다.

폼페이의 도로는 모두 포석이 깔려 있다. 가운데에는 수로처럼 패여 있다. 요즘 차도처럼 바퀴 달린 수레나 마차가 달린 듯 양 옆으로도 깊게 패여 있다. 이러한 도로는 주민들의 도시 내 이동을 원활하게 만들었을 것이다. 시민들의 교류와 시장의 형성 등 경제활동이 매

◆
폼페이 시내. 포석으로 덮인 도로에는 마차가 다닌 흔적이 있다.
양 옆으로 주택들이 빼곡이 들어섰던 흔적이 그대로 남아 있다.

◆
폼페이의 광장에서는
커다란 신전이나 공공건물의 흔적을 찾을 수 있다.

우 증가하였다는 이야기가 된다. 광장이었을 장소에는 높직한 기둥들이 남아 있어 당시에 신전이나 관공서 같은 대형 건축물들이 있었음을 증언한다.

내가 놀란 것은 많은 가옥들의 형태가 그대로 남아 있다는 사실이었다. 지붕이 남아 있는 주택들은 별로 없었지만 벽은 거의 그대로 유지되고 있었다. 주택들이 벽을 사이에 두고 이어진 것을 보면 폼페이 사람들은 놀라울 정도로 조밀한 도시생활을 하고 있었음을 알 수 있다.

당시 주택들의 크기도 가늠할 수 있다. 큰 집들은 부자들이 살았을 것이다. 큰 집들일수록 정원이나 모자이크 장식, 벽화 등의 장식물들이 다양하게 남아 있다. 모자이크 장식의 경우 원형 그대로 남아 있는 것들이 있었다. '파우노의 집'으로 불리는 곳에는 조그만 청동상 뒤에 정교한 모자이크가 있었다. 신전의 기둥들이 즐비한 곳 바닥에 있는 알렉산더 대왕의 '이소스 전투'를 담은 모자이크는 놀라울 정도로 깨끗했다.

모자이크는 보존 기간이 반영구적이다. 창검을 들고 싸우는 병사들과 역동적인 말의 움직임이 근대 회화를 방불케 하였다. 로마의 판테온처럼 돔 천장과 한가운데에 오쿨러스를 만들어 놓은 건축물도 있다. 도시의 끝에는 원형극장도 있다.

◆

파우노의 집에는 모자이크가 그대로 남아 있다.

　폼페이의 유적을 보면서 벽화들을 유심히 살폈다. 대부분 붉은색
톤으로 흔적이 겨우 남아 있었다. 아마도 물감에 섞인 철분이 산화
된 때문일 것이다. 그런데 벽화의 상당수는 선정적인 그림들이다. 관
광객들이 많이 모인 당시의 홍등가라는 '루피나레'에는 실내 천장 부
근에 성행위 장면을 담은 벽화가 다섯 점 남아 있다. 여성의 자세나

폼페이의 벽화들은 선정적인 내용을 담은 것들이 많다.

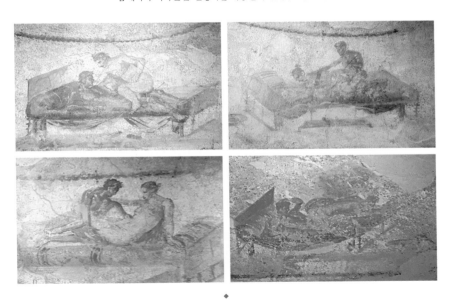

홍등가였던 루파나레의 집에는 여러 춘화들이 남아 있다.

모습이 거리낌이 없어 보인다. 폼페이와 로마에서는 중세 유럽보다는 남녀평등이 실현되지 않았을까 하는 생각이 들게 하는 춘화도 있다. 일반 가옥에 남은 벽화들도 벌거벗은 남녀들의 상열지사相悅之詞를 담은 내용들이 많다.

폼페이 유적을 이리저리 둘러보다가 출구를 찾지 못하였다. 겨우 출구를 찾아 나가는 길에 '신비의 저택'이 자리 잡고 있었다. 기둥이 많고 따로 떨어진 널찍한 단독주택의 형태를 보니 이 지역 책임자이거나 대부호의 집이었을 것이다. 내부의 벽화는 역시 폼페이적이다.

폼페이의 유적에 남은 벽화나 모자이크화들을 보면 서양문명에서는 남녀간의 에로스적 사랑과 인체의 아름다움을 추구하는 DNA가 태초 이래로 확고하게 자리 잡고 있는 것 같았다. 사랑과 아름다움을 추구하면 출산出產으로 이어진다. 인류의 생존을 위해서도 사랑과 아름다움을 추구해야 한다. 문명이 아무리 변화와 진화를 거듭해도 유전자에 본질로 자리 잡은 사랑과 아름다움을 추구하는 DNA가 진화의 방향을 제시하는 것은 아닐까 하는 생각도 들었다.

폼페이의 폐허를 다니다 보면 재빠르게 돌아다니는 도마뱀들을 자주 발견하게 된다. 의외라는 생각도 들었지만 당연한 현상이다. 폼페이에서 2천 년 전에 살던 사람들은 화산 폭발로 다 사라졌지만 다

신비의 저택

른 사람들이 폐허를 발굴하여 연구하고 전시하고, 많은 사람들은 구경하러 모여든다. 도마뱀도 그때 살던 지역에 꾸준히 살고 있을 뿐이다. 사람이나 자연이나 삶은 참 꾸준한 것이다. 자연에 순응하면서 사람의 삶도 앞으로도 영원히 이어나갈 것이다. 폼페이의 간이식당에서 점심을 때웠다. 그리고 오후에는 기차편으로 나폴리로 돌아왔다.

DAY 17

시실리의 재래시장

팔레르모 시내 전경

　나폴리에서 비행기를 타고 시실리 섬의 팔레르모에 도착하였다. 시실리 섬은 우리나라 제주도 크기의 여덟 배나 되는 큰 섬이다. 일반인에게는 영화 〈대부〉에 나오는 마피아의 본향으로 잘 알려져 있다. 영화 〈시네마 천국〉의 무대가 된 지역이기도 하다. 문명의 첨단을 가는 서유럽의 분위기로부터 어딘지 뒤처진 느낌을 주는 곳이다.

　그러나 시실리 섬은 유사 이래 최고의 문명들이 지배하며 흔적을 남겼다. 처음에는 페니키아의 식민지였다가 고대 그리스의 식민지가 되었다. 이어 북아프리카의 강대국 카르타고가 차지하였다. 그 다음 로마의 영토가 되었다가 동로마제국에 복속하였다. 831년부터 1072년까지는 이슬람 아랍의 지배를 받았다. 그후 노르만의 정복으로 다시 기독교권으로 편입된 뒤 유럽 열강들의 지배를 받던 시실리는 19세기 말에 이탈리아로 통일되었다.

　시실리는 이처럼 여러 세력들의 지배를 받았기 때문에 시대별로 다양한 문화와 유적이 남아 있다. 이를 찬찬히 찾아보려면 카타니아 공항에 내려서 시작하는 게 좋다. 최소한 4박은 해야 한다. 시실리에서 오래 머물 생각이 없는 우리는 주도州都인 팔레르모만 둘러보기로 하였다. 나폴리에서 비행기 편으로 도착했다. 비행기에서 내려다본 시실리 섬은 산세가 험준하였다. 유럽에서 가장 높은 화산인 에트나 산이 이 섬에 있다.

공항에서 팔레르모까지 들어가는데 험한 산이 솟아 있다. 햇빛이 강하기 때문인지 바위산의 빛이 바랜 듯하다. 팔레르모는 나폴리보다 훨씬 깨끗하다. 명품점도 많은 것 같았다.

여행을 할 때 아무리 짧은 구간이라도 비행기를 타면 하루가 걸린다. 어느 도시나 공항은 시내에서 멀리 떨어져 있어 가고 오고 하는데 시간이 많이 걸린다. 또 공항에서 대기하는 시간도 최소한 한두 시간 걸린다. 우리도 나폴리의 숙소에서 아침에 출발했는데 팔레르모에 도착해 숙소에 들르니 어느새 해가 넘어가고 있었다.

우선 동네 시장으로 가서 배를 채워야 할 시간이다. 시실리는 따뜻한 섬이라서 각종 과일이나 해산물이 많다. 팔레르모 시장에서는 여러 가지 과일들을 많이 판다. 아내는 석류가 유명하다는 이야기를 들었다고 한다. 석류는 아랍인들이 시실리를 지배할 때 가져왔던 종자이다. 마침 석류 열매를 그 자리에서 짜내 즙을 파는 행상이 있었다. 어른 주먹만한 커다란 석류 두 개를 눈앞에서 갈라서 손으로 눌러 즙을 짜낸다. 백 퍼센트 석류 원액이다. 한 컵 분량이다. 한 모금 마셔보니 시고 떨떠름하다.

◆

팔레르모의 시장에서 석류즙을 짜내서 파는 상인

어느새 저녁 일곱 시가 다 되어 동네에 있는 오스테리아 식당에 갔다. 메뉴도 이탈리아식이다. 음식 값이 다른 곳의 절반이다. 해산물 튀김, 해산물 스파게티 등과 로컬 와인, 생수 한 병을 먹었는데 34유로다. 맛있다. 아내는 내일 또 가자고 한다.

식당 벽면에 주인집 가족들의 활약상을 담은 사진이 즐비하다. 이 식당을 물려받은 듯 즐겁게 일하는 젊은 사장과 함께 사진도 찍었다. 기다리는 손님들이 인산인해이다.

DAY 18

팔레르모의 성당들

◆ 노르만 궁전
이슬람이 정복한 시대 이래로 지금까지 관청 건물로 사용되고 있다.

시실리 팔레르모의 명소들은 대부분 노르만 정복 직후에 조성된 성당 건축물들이다. 노르만 세력은 프랑스 노르망디 지역에 자리 잡은 바이킹 세력이다. 시실리에서 아랍 세력을 축출한 노르만은 가톨릭 성당들을 건립하였다. 이들은 아랍인들이 사용하던 건물을 가톨릭 성당으로 바꾸고 모자이크 성화를 설치하였다.

노르만이 건설한 시실리 왕국의 노르만 궁전도 이전에 아랍인들이 사용하던 궁전이었다. 저층부의 창문을 보면 아랍식 아치가 그대로 남아 있다. 건물의 외관은 비잔틴 양식부터 아랍 양식 및 중세 유럽의 양식이 혼재되어 있다. 아랍노르만 양식이라고도 한다. 이 건물은 지금도 지방의회가 사용하고 있다.

카펠라 팔라티나

노르만 궁전에서 가장 아름다운 장소가 1132년에 로저 2세 국왕이 세운 카펠라 팔라티나이다. 국왕의 예배실이다. 성 베드로에 헌정된 이 성당은 외벽에도 아름다운 모자이크가 설치되어 있다. 입구 부근 외벽에는 구약성서의 내용을 바탕으로 한 압살롬 모자이크가 눈길을 끈다. 압살롬은 다윗왕의 아들로 긴 머리가 아름다웠다고 한다. 그런데 아버지에 반기를 들었다가 아버지의 부하인 요압에 쫓기다가 향엽 나무에 머리가 걸려 붙잡혀 참수당한다.

예배당 입구에 말을 타고 추격하는 요압과 쫓기다가 금발머리가 나뭇가지에 걸리는 압살롬이 모자이크로 구성되어 있다. 사람과 말의 움직임, 그리고 나뭇잎을 묘사한 모자이크가 붓으로 그린 그림같이 컬러풀하고 정밀하다. 그런데 왜 하필이면 이 대목을 그려 놓았는지 궁금하다. 부하들에게 배신자의 비참한 최후를 보여주어서 충성을 강조하려는 의도였을까? 외벽에는 전투 장면과 역대 성인들의 얼굴들도 모자이크로 새겨져 있다. 외벽의 모자이크가 이처럼 화려한 예배당도 드물다.

카펠라 팔라티나의 내부는 더욱 화려하다. 둥근 돔 천장과 아치형 천장과 벽면을 화려한 황금 모자이크화가 가득 메우고 있다. 돔 천장의 중앙에는 예수가 자리 잡고, 그 아래로는 천사들이, 그 아래로는 양쪽에 백발의 성 베드로와 대머리의 성 바울이 보좌하는 형태이다.

카펠라 팔라티나 입구 벽의 모자이크화
구약성서에 나오는 다윗왕의 아들 압살롬이 요압의 추격을 피해 달아나다
금발머리가 나무에 걸리는 장면을 담았다.

벽면의 천장 부근을 차지하고 있는 모자이크는 구약성서의 천지 창조를 주제로 한 내용을 담고 있다. 하나님이 세상을 창조하고 해와 달과 별과 온갖 짐승들을 창조하는 광경, 아담에게 숨을 불어넣는 광경 등이 구체적으로 그려져 있다. 벌거벗은 아담의 갈빗대에서 이브를 창조하는 광경은 웃음이 나올 정도로 재미있다. 카인이 아벨을 살해하는 장면, 노아의 방주와 노아의 아들들이 노아를 욕보이는 광경, 아브라함의 집을 찾은 세 천사들, 팔에 털을 두른 야곱이 사막에서 사냥하는 에서를 따돌리고 어머니 리브가가 지켜보는 가운데 아버지 이삭의 축복을 받는 장면, 장자권長子權을 빼앗긴 에서의 추격을 피해 삼촌에게 가던 야곱이 천사들이 하늘에서 내려온 사다리를 타고 오르는 꿈을 꾸는 장면 등이 알기 쉽게 새겨져 있다.

마치 어린이 성경책에 나오는 삽화를 보는 듯한 기분이 들 정도로 쉽고, 친근하고, 재미있게 구성되어 있다. 모자이크 내용을 이처럼 알기 쉽게 표현한 것도 드물다. 마냥 바라보면서 성서의 잘 알려진 내용을 확인해 보고 싶은 마음이 든다.

모자이크 천장화는 모두 구약성서의 내용으로 구성되어 있다. 시실리에 거주하는 유대인들과 이슬람교도들도 이곳을 방문하여 공감할 수 있도록 치밀하게 기획되었다.

카펠라 팔라티나 내부의 신도석 천장도 기하학적 문양의 이슬람 양식으로 구성되어 있다. 이 부분은 국왕인 로저 2세가 직접 지시하였다. 바닥도 이슬람 양식의 무늬이다. 벽에도 이슬람 양식의 무늬가

카펠라 팔라티나의 천장에는 성경의 내용을 담은 모자이크가 아름답게 펼쳐지고 있다.

하나님이 아담의 갈빗대에서 이브를 창조하는 구약성서의 내용을 담은 모자이크

야곱이 에서를 따돌리고 아버지 이삭의 축복을 받는 이야기를 담은 모자이크

카펠라 팔라티나의 모자이크화는 성경의 내용을 담고 있지만 천장이나 벽은 이슬람 양식을 수용하고 있다.

펼쳐진다. 성당 내부 장식에서 주인공은 구약성서의 인물들이지만 배경을 이루는 것은 이슬람 무늬들이다.

구약성서의 내용은 대부분 기독교와 이슬람교, 유대교가 공유한다. 로저 2세 국왕이 시실리 왕국은 문화의 용광로가 되어야 한다는 점을 강조한 것 같다. 로저 2세는 카펠라 팔라티나를 구약성서의 내용으로 가득 채우면서 이슬람 문화를 존중하는 자세를 과시하였다. 적과 경쟁자들에 대한 포용력을 드러냈다. 한 나라를 다스리는 국왕이 되려면 적대 세력의 문화를 인정하고 받아들이는 포용력이 필요하다는 사실을 새삼 일깨운다. 상대방을 존중하는 자세를 보여야 당사자도 존중받는 법이다.

팔레르모 대성당

팔레르모 대성당이 세워진 자리는 오래전부터 신전이 자리 잡았던 장소이다. 로마시대에는 다신교 신전, 그 후에는 동방정교회 성당이 있었다. 아랍의 정복 후에는 이 시설은 이슬람 모스크로 전용되었다. 노르만 정복 이후인 12세기에 현재의 대성당으로 전면 재건축되었다. 오랜 세월을 지나며 다양한 양식의 건축이 이어져 현재의 모습이 완성된 것은 19세기이다. 성당 정문은 아랍노르만 양식의 아치형 장식과 기둥이 설치되어 있다. 가운데 둥근 돔 지

팔레르모 대성당

붕이 있고, 좌우에는 고딕식의 높은 첨탑들이 있다. 성당 내부에는 천장화가 그려져 있다. 기둥과 벽에는 성인들의 조각상들이 설치되어 있다. 여느 이탈리아의 성당들과 크게 다르지 않다.

그런데 이곳에 놓인 두 인물의 묘지가 이곳이 시실리임을 드러내 준다. 첫째는 신성로마제국 황제인 프레데릭 2세1194~1250의 묘이다. 세 살 때 시실리 국왕 자리를 물려받은 프레데릭 2세는 나중에는 신성로마제국의 황제에까지 올라 로마 교황과 대립했던 야심가였다. 황제의 크고 붉은 석관에는 지금도 사람들의 헌화가 이어진다. 마피아에 피살된 지우세페 푸글리시 신부1937~1993의 묘소도 있다. 푸글리시 신부는 마피아가 지배하던 팔레르모 외곽의 빈민가에서 주로 어린이와 청년들을 대상으로 사역하다 56번째 생일에 마피아에 암살당했다. 로마 교황청은 2013년에 그를 순교자로 인정하였으며, 하나님의 축복을 받았다고 선언하였다. 그의 묘소는 꽃다발로 뒤덮여 있다.

팔레르모 대성당은 옥상에 올라 시내를 내려다볼 수 있다. 성당의 옥상 지붕 자체가 뾰족한 종탑, 그리고 여러 석조물들로 아름답게 장식되어 있다. 그리고 멀리 바라보이는 산을 배경으로 도시 곳곳에 우뚝 솟은 성당들의 돔 지붕들, 정연하게 늘어선 오래된 건물들을 내려다보는 전망이 일품이다. 멀리 노르만 궁전도 조망이 된다. 참 아름다운 도시이다.

신성로마제국의 황제 프레데릭 2세의 묘

마피아에 살해당한 푸글리시 신부의 묘

팔레르모 대성당 지붕 위에서 바라본 팔레르모 시내
멀리 노르만 궁전이 보인다.

◆
팔레르모 대성당을 나오자
현지 여고생들이 '강남스타일'을 틀어놓고 춤을 추며 놀고 있다.

성당에서 나오니 여고생들이 길 한켠에서 싸이의 '강남스타일'을 틀
어놓고 따라 부르며 춤을 추고 있다. 글로벌 시대임을 새삼 느낀다.

마피아 기념관

팔레르모 대성당에서 노르만의 시내에 설치한 '콰
트로 칸티'까지 이어지는 길이 이 도시의 번화가이다. 기념품 가게,
쇼핑센터, 식당들이 줄지어 있다. 우리는 한 식당에서 따뜻한 아란치

현지 거리에서의 식사, 아란치니와 가지볶음

니와 가지볶음으로 점심을 때웠다. 거리에 있는 식탁에 자리 잡고 먹었다. 이 집에서는 내장버거도 판다. 소의 허파나 내장을 삶아서 빵의 한가운데에 넣어서 먹는다.

식당 바로 앞에 'NO MAFIA'라고 적힌 기념관이 있다. 들어가 보니 마피아에 관한 각종 자료들을 전시하고 있었다. 2차 세계대전 직후 시실리를 이탈리아에서 떼어 미국에 복속시키려 한 살바토레 지울리아노1922~1950라는 마피아 두목의 사진도 있었다. 지울리아노는 조폭 두목이었지만, 시실리의 가난한 농민들 사이에서는 '로빈후드'라는 평가를 받기도 하였다.

마피아 기념관과 내부에 전시된 살바토레 지울리아노 관련 자료

콰트로 칸티

콰트로 칸티는 스페인이 지배하던 17세기에 조성된 광장의 장식물이다. 팔레르모에서 가장 큰 두 도로가 수직으로 교차하는 지점의 네 개 면에 4계절을 상징하는 조각과 작은 분수를 만들어 광장을 아름답게 조성하였다. 각 계절을 상징하는 부분은 계절의 여신과 스페인 국왕들과 시실리의 수호 성녀 등 3층으로 된 인물상으로 구성되었다. 이중 겨울을 상징하는 부분의 가장 위쪽에 현재 유방암 환자의 수호성인인 아가타 성녀의 조각상이 있다. 성 아가타는 3세기에 순교한 인물이다. 시실리 사람들에게 사랑받는 아가타 성녀에 관한 전설은 슬프기 그지없다.

아가타는 시실리의 카타니아에서 기독교를 믿는 부유한 귀족 집안에서 태어났다. 로마의 트라야누스 황제가 기독교도를 박해하던 시절 총독으로 부임한 퀸티아누스는 아가타를 본 순간 사랑에 빠져 청혼했으나 거절당했다. 퀸티아누스는 보복으로 아가타 집안의 토지와 재산을 몰수하고 아가타를 사창가에 강제로 보내 욕보이도록 하고 매춘을 강요하였다. 그래도 아가타가 기독교 신앙을 포기하지 않자 퀸티아누스는 아가타의 유방을 잘라내고 투옥하였다. 이때 감옥에 성 베드로와 천사가 나타나 아가타의 유방을 치료해 주었다.

퀸티아누스는 다시 아가타에게 불에 달구워진 석탄 위에 눕혀서 화형시키는 형벌을 내렸다. 그러나 붉은 베일에 덮인 아가타는 불에 타지 않는 기적이 일어났다. 지진이 일어나고 주민들이 지나친 고문에 항의하여 폭동을 준비하자 총독은 아가타를 투옥하였다. 251년 2월 5일이었다. 아가타는 몇 시간 후에 감옥에서 순교하였다. 정확히 1년 후에 에트나 화산이 폭발하여 붉은 라바가 카타니아로 밀려들자 주민들은 아가타의 무덤으로 가 아가타가 쓰던 붉은 망토를 라바에 방패로 삼았다. 그러자 라바가 도시를 비껴가 피해를 입지 않게 되었다는 이야기가 전해오고 있다. 이때부터 아가타는 카타니아의 수호성인이 되었으며, 시실리 전역은 물론 인근의 몰타 등 유럽에서도 숭배의 대상이 되었다. 많은 화가들이 성 아가타의 고난을 그림으로 표현하였다.

콰트로 칸티의 '겨울' 부분의 맨 위의 성 아가타 조각상에도 가슴에는 창검이 꽂혀 있다. 유방이 잘리는 성 아가타의 고난을 상징하는 모습이다.

◆
콰트로 칸티의 4개 구조물 가운데 '겨울'을 상징하는 부분
맨 위에 가슴에 창검이 꽂힌 아가타 성녀의 조각상이 설치되어 있다.

가리발디 가든

북쪽 바다로 걸어가서 잠시 쉬었다. 바닷가에 포르타 펠로체라는 문이 있다. 인접한 가리발디 가든에는 유럽에서 제일 큰 나무가 있다. 가리발디 가든을 거쳐서 카라바조가 그린 〈예수의 탄생〉의 모작이 있는 오라토리아 산 로렌초에 갔다. 카라바조의 원

도난당한 카라바조의 〈예수의 탄생〉 모작

◆
시실리 사람들은 가리발디 가든에 있는 이 나무가
유럽에서 가장 큰 나무라고 주장한다.

팔레르모의 한 골목길
1층 담에 여주인이 카페의 문을 열고 나오는 그림을 그려 놓았다.

작은 마피아가 훔쳐갔는데 아직도 못 찾았다. 마피아들은 작품이 훼손되어 폐기했다고 주장한다. 반면 경찰은 은밀히 스위스의 부호에게 팔려나갔을 것으로 보고 있다. 모작을 보는데도 입장료가 3유로이다. 카라바조의 원작은 2천만 달러로 평가된다.

팔레르모의 골목길을 지나 역사 지구로 향했다. 골목길에는 화려한 건물들은 없었지만 예술을 좋아하는 시실리인들답게 평범한 건물들을 벽화나 각종 조각 부조 등으로 아름답게 조성해 놓고 있었다.

마르토라나 성당

      팔레르모의 중심가 역사 지구에는 중요한 성당들이 모여 있다. 마르토라나 성당은 놓쳐서는 안 되는 아름답고 유서 깊은 성당이다. 1143년 시실리 국왕 로저 2세의 측근이었던 게오르기 제독의 지시로 건축되었다. 아랍노르만 비잔틴 양식이다. 내부에는 비잔틴 예술가들이 제작한 화려한 모자이크가 천장에 가득하다.

      마르토라나 성당 모자이크 가운데에는 로저 2세가 예수로부터 왕관을 하사받는 장면이 있다. 당시 로마 교황이 왕위를 하사하던 시절

◆
마르토라나 성당

◆
마르토라나 성당 내부의 모자이크

에 예수가 직접 왕관을 씌워주는 모자이크는 상당한 정치적인 부담을 수반하는 일이었다. 로마가톨릭에 반발하는 피정복민들인 이슬람과 유대인들의 환심을 사기 위한 의도로 제작되었을 것 같다.

마르토라나 성당 옆에 산 카탈도 성당이 있다. 1154년 건축 당시의 모습을 거의 그대로 유지하고 있다. 전형적인 아랍노르만 양식의 건물로 세 개의 돔 지붕이 특징이다.

프레토리아 분수

프레토리아 광장에 있는 프레토리아 분수에서 관광을 끝내기로 하였다. 이 분수는 16세기에 피렌체의 조각가들이 제작한 것이다. 분수는 네 개의 단으로 구성되어 있다. 각 단마다 그리스 신화에 나오는 신과 여신, 요정, 사티로스 등 모두 48개의 조각상이 있다. 그런데 16세기 스페인이 지배하던 시실리에는 종교재판이 열릴 정도로 보수적인 분위기였다. 르네상스 양식의 나체 조각상은 환영받지 못하였다. 시실리 사람들은 최근까지도 나체 조각상들이 즐비한 이 광장을 프레토리아 광장이 아닌 '수치의 광장'이라고 불렀다고 한다.

길가에 있는 조각상들은 대부분 성기가 떨어져 나가 있거나 나중에 변형된 올리브 나뭇잎 모양으로 가려져 있다. 사람들이 파괴한

프레토리아 분수
길가에 자리 잡은 남신과 여신상들은 성기 부분이 대부분 부서지거나 변형되었다.

것 같다. 맨 윗단에서 아기 조각상 등이 설치된 3단 접시를 떠 받치고 있는 사티로스 조각상에는 커다란 성기가 그대로 남아 있다. 사티로스는 익살스런 표정이다. 좋은 자리를 차지한 크고 잘생긴 신들은 성기가 모두 파괴된 신세이지만 못생기고 조그만 사티로스는 쭈그리고 앉아서 자신의 성기를 보존할 수 있어서 몰래 기뻐하는 듯하다. '굽은 소나무가 선산을 지킨다.'는 우리 속담이 떠오르기도 한다.

프레토리아 분수는 물을 뿜는 여러 동물들의 두상도 재미있다.

슈퍼에 들러서 납작복숭아 다섯 개와 애플망고 한 개를 사서 호텔방에서 먹었다. 그리고 아내가 어제 맛있게 먹었던 오스테리아에 가서 저녁을 먹었다. 이번 이탈리아 여행에서의 마지막 저녁식사이다. 홍합찜, 해산물 튀김, 가지 생선찜, 가지 스파게티, 여기서는 '네로 스파게티'라고 부르는 오징어 먹물 스파게티 등 다섯 가지를 시켜서 나름대로 푸짐하게 먹었다. 40유로이다.

이태리 3주 여행의 마지막 날. 고민은 역시 우리가 어떻게 나머지 인생을 살아갈 것이냐의 문제이다. 왕궁과 성당을 세운 왕들과 성직자들은 세월이 날아가는 화살처럼 빠르게 흘러가는 것이 억울했을까? 거대한 재산을 남기고 어떻게 죽을 생각을 했을까? 성당을 화려하게 지어놓으면 천국으로 갈 수 있다고 믿었을까? 지상에 남긴 재물이나 권력이 아깝지 않았을까?

◆
프레토리아 분수의 사티로스상
길가의 신상들과 달리 조금도 훼손되지 않았다.

남은 인생을 즐겁게 살아가는 게 제일 중요하다는 사실을 모르는 사람은 없다.

이번 이탈리아 여행에서는 아내의 손을 붙잡고 다닌 적이 많다. 남은 인생도 아내와 손을 붙잡고 여행하는 심정으로 하면 되지 않을까. 그 길 이외에 다른 방법이 없지 않나. 베네치아가 이슬람과의 교역 문제로 로마 교황의 파문 위협에 몰리자 "우리는 이 길 이외에는 달리 살 방법이 없습니다."고 했듯이 세월에 쫓기는 우리도 "이 길 이외에는 달리 살 방법이 없습니다."

DAY 19

몰타로 가는 길

◆
몰타 항공이 스케줄을 갑자기 취소하는 바람에
하루 종일 아무 일도 할 수 없었다.

이탈리아의 여행을 마치고 몰타로 향한다. 이탈리아에서 오랫동안 머물면서 사업을 하거나 유학을 한다면 몰라도 여행만을 목적으로 3주간 돌아다니니 조금 지치는 듯하다. 피자와 파스타도 처음에는 맛이 있었지만 거의 매일 주식으로 먹다보니 싫증이 나기도 한다. 시실리를 끝으로 돌아갈까도 생각했지만 여기까지 온 김에 가까운 몰타까지 마저 보고 이번 여행을 끝내기로 하였다. 몰타에서 북아프리카의 튀니지로 향하는 것은 완전히 다른 코스가 된다. 이번 여행은 일단 이탈리아에 온 김에 몰타까지 보는 걸로 만족하기로 하였다.

시실리 팔레르모에서 몰타로 향하는 몰타 항공 비행기를 서울에서 미리 예약했다. 그런데 팔레르모 공항에서 난데없이 노선이 취소되었다고 한다. 몰타 항공에서는 카타니아에 가서 비행기를 타도록 하였다. 짐을 다시 찾은 다음에 카타니아까지는 무려 네 시간을 버스를 타고 갔다. 이래저래 하루를 손해 보았다.

이 지역의 3백여 승객들은 항의를 하지 않는다. 워낙 이런 스케줄 사고가 많기 때문이다. 우리나라 같았으면 온라인에 뜨고, 온갖 언

론사에서 취재를 나오고 난리가 났을 것이다. 항공사 영업하기 가장 어려운 나라가 한국이 아닐까 한다.

카타니아에서 출발한 비행기는 몰타 공항에 다음 날 새벽 1시가 넘어서야 겨우 도착하였다. 숙소 카운터에 있는 아저씨가 아내를 보더니 "피곤해 보이십니다." 하고 말할 정도이다.

얼른 숙소로 들어가 잠을 청했다.

DAY 20

발레타 요한 대성당의 카라바조의
〈세례 요한의 참수〉

몰타의 수도 발레타에서 바라본
산탄젤로 요새

430

아침부터 몰타의 수도 발레타를 둘러보았다. 몰타는 제주도의 6분의 1정도 넓이인 아주 조그만 섬나라 국가이다. 지중해의 한가운데에 자리하고 있어서 해양교통의 요충지였다.

기원전부터 사람이 살았으며, 시실리처럼 페니키아, 카르타고, 로마, 비잔틴, 아랍의 지배를 차례로 받았다. 12세기에 노르만은 시실리에서 아랍을 축출할 때 몰타에서도 아랍을 내몰고 지배권을 확보하였다. 이후 기독교권에 편입된 몰타는 성 요한 기사단, 프랑스, 영국 등의 지배를 받다가 2차 세계대전 이후 독립하였다. 지금은 EU에 가입하여 유로화를 쓰고 있다. 몰타에서는 몰타어 이외에도 영어가 공용어이다.

몰타의 역사는 중세 십자군과 깊은 관련이 있다. 십자군 시절 성요한 기사단은 예루살렘을 두고 벌어진 이슬람과의 전쟁에서 전투와 성을 건설하는 데 뛰어난 능력을 발휘하였다. 이슬람 세력에 밀려난 기사단은 로도스 섬에 근거지를 마련하였다. 오스만 터키가 동로마제국을 멸망시킨 이후에는 이마저도 불가능해졌다. 오스만 터키의

◆
몰타는 성벽으로 둘러쳐진 도시국가이다.

해군은 지중해를 장악하기 위하여 시실리에 출몰하였다.

기독교 세력의 입장에서는 첫 번째 성지 예루살렘과 두 번째 성지인 동로마제국의 수도 콘스탄티노플을 차례로 이슬람에 빼앗긴 뒤마지막 성지인 로마도 위태로워지고 있다고 생각하게 되었다. 당시 시실리를 지배하던 스페인 국왕은 1530년 성 요한 기사단에게 몰타를 근거지로 활용할 수 있도록 배려하였다. 성 요한 기사단에게는 오스만 터키의 침략으로부터 성지 로마를 수호하기 위한 최전방 수비대라는 절박한 임무가 주어진 셈이었다.

그러나 세월이 지나 오스만 터키의 침략도 줄어들면서 프랑스 스페인 등의 후원도 점차 줄어들었다. 기사단은 먹고 살기 위하여 스스로 바다로 나가 해적이 되기도 하였다. 이슬람의 위협이 사라지게 되자 기사단도 위축되어 갔다.

몰타는 1530년부터 268년 동안 성 요한 기사단의 지배를 받았다. 성 요한 기사단은 유럽 국가들이나 교황청의 지원을 받아 몰타에 도시 전체를 성곽으로 둘러쌓는 방어벽과 요새를 만들고, 성당을 세웠다. 기사단이 맨 처음 자리 잡은 비르구 지역에는 산탄젤로 성이 축조되었다. 산탄젤로 성은 16세기 초 오스만 터키와 기사단 간의 치열한 공방전이 벌어졌던 곳이다. 기사단은 승전 이후 산탄젤로 요새를 개축하는 한편 근거지를 지대가 높은 발레타로 이전하였다. 현재의 수도이다.

◆
정오가 되면 예포를 발사하는 행사가 진행된다.

발레타에 서면 비르구의 산탄젤로 성을 비롯, '트리 시티즈Three Cities'라고 불리는 요새들이 한눈에 들어온다. 영국군은 냉전 시기인 1970년대까지 산탄젤로 성을 사용하였다. 지금은 이 요새들은 관광객들의 눈요깃거리가 되었다. 발레타에서 비르구까지 낮에는 작은 배를 타고 가는 것도 운치가 있다. 비르구의 언덕에 올라 항구를 조망하는 것도 좋다.

발레타

발레타는 작은 나라 몰타의 아주 작은 수도이다. 16세기 오스만 터키의 공격을 물리친 뒤 이곳을 근거지로 정한 성 요한 기사단의 그랜드 마스터 장 드 발레타1495~1568의 이름에서 유래한다. 발레타는 바다로부터의 침입을 막기 위하여 요새화되었다. 지역 전체를 사암 방벽으로 둘러싸 마치 하나의 성처럼 보인다. 아무리 작은 나라이고 도시라지만 전체를 성벽을 쌓고 요새화하는 일은 어마어마한 공사였을 것이다.

점심식사를 하고 발레타를 산책하였다. 분수도 보고, 관청가도 보고, 대포 쏘는 것도 보았다. 그런데 여기는 어디서 보나 골목은 똑같이 생겼다. 집의 구조도 똑같다. 집의 사이즈나 조그만 베란다의 크기와 모양이 똑같다. 다만 베란다의 색깔만 다를 뿐이다. 멀리서

보면 똑같다. 좁은 골목에 좌우에 4~5층 정도의 똑같은 아파트, 한 1m쯤 튀어나온 창문 베란다. 앞으로 가나 뒤로 가나, 왼쪽으로 가나 오른쪽으로 가나, 어느 길을 가도 푸른 바다가 나온다. 마치 RPG 게임을 하다가 미션을 해결하지 못하거나 아이템을 찾지 못해 다음 신으로 나아가지 못하고 있는 느낌이다.

발레타의 도시 전체가 조작된 현실 같다. 테슬라의 창업자인 엘론 머스크가 "인류는 고도의 지능이 만든 게임 속에서 산다."고 말한 적이 있다. 발레타의 좁고 비슷비슷하게 생긴 골목길을 이리저리 걷다 보니 내가 게임 속의 캐릭터처럼 느껴지기도 하였다.

◆
발레타 시내의 좁은 골목길들을 걸으면서
마치 RPG 게임 속에 들어와 있는 듯한 착각을 갖기도 하였다.

성 요한 대성당

발레타에는 1577년에 건설된 성 요한 대성당이 있다. 요한 기사단의 수호성인인 세례 요한에 헌정된 성당이다. 누런 사암으로 만든 고딕 양식의 성당이다. 정면에서 바라보면 두 개의 기둥과 양 옆으로 자리 잡은 종탑이 대칭의 형태로 강인한 인상을 준다. 지붕 위에 달린 몰타의 십자가는 성당이라기보다는 군사령부 같다는 인상을 주기도 한다. 오스만 터키와의 치열한 공방전을 끝낸 직후에 지은 건물이라 또 있을 전쟁에 대비하려는 기사들의 절박함이 느껴진다.

이 성당은 17세기 초에 완성된 내부가 더없이 화려하다. 내부 벽에는 황금빛의 아름다운 장식이 눈을 부시게 만든다. 아치형으로 입구를 조성한 예배실들의 벽과 천장에는 황금으로 만든 몰타의 십자가와 왕관, 승리를 상징하는 종려나무 잎, 천국을 상징하는 아기천사상 등이 반복되어 있다.

성당 내부의 황금빛 장식은 천국을 상징하는 것일까. 전쟁과 죽음이라는 공포를 안고 살아야 하는 기사들이 화려한 성당의 내부에 앉아 기도를 드리면, 죽어서도 천당에 갈 수 있다는 안도감과 자부심을 가질 수 있었을까. 신도석 위의 거대한 둥근 천장에 그려진 대형 프레스코화에는 예수에 세례를 주는 성 요한의 일생을 담았다.

성 요한 대성당

◆
성 요한 대성당 내부의 화려한 모습

성 요한 대성당은 내부 장식보다도 바닥의 대리석 묘석들이 더 눈길을 끈다. 이곳에는 요한 기사단원 4백 명의 무덤이 있다. 무덤 위의 묘석들은 대개는 죽음을 상징하는 해골과 천국을 상징하는 천사 무늬들이 많이 새겨져 있다. 또 기사들의 방패와 살았을 때의 업적 등을 상징하고 있다. 자개를 박아 넣듯 돌판에 색깔 있는 대리석을 박아 넣어 장식하였다. 각 무덤마다 다른 모습으로 화려하고 아름답게 장식되어 있다.

카라바조의 대작 〈성 요한의 참수〉

이 성당에는 카라바조의 대작 〈성 요한의 참수〉가 걸려 있다. 세계 회화사에서 가장 뛰어난 작품이라는 평가도 받는 걸작이다. 〈성 요한의 참수〉 맞은편 출입구 쪽에는 역시 카라바조의 작품 〈성 제롬〉도 있다. 성 제롬은 성경을 라틴어로 번역한 성인이다.

로마에서 살인 혐의로 쫓기는 신세가 된 카라바조는 나폴리로 피신한 후 1607년 몰타에 갔다. 몰타 기사단의 그랜드 마스터가 로마교황과 친분이 있으므로 자신에 대한 사면을 얻어낼 수 있다고 기대했다는 설도 있다. 1608년 몰타에서 기사단원이 된 그는 〈성 요한의 참수〉라는 걸작을 남긴다. 몰타에서도 그는 다른 기사들과 싸워 감

◆
성 요한 대성당 내부는 천장이나 벽면 못지않게
기사단원들의 묘지가 조성된 바닥도 아름답다.

◆
카라바조의 대작 〈성 요한의 참수〉
카라바조는 이 그림에서 악의 평범성을 그려냈다.
카라바조가 성 요한의 뒤를 이어 사람들에게 "회개하라"고 외치는 듯하였다.

옥에 갇혀 있다가 탈출한다. 카라바조는 시실리를 거쳐 나폴리에서 살다가 원한을 가진 사람들의 기습을 당해 큰 부상을 입는다. 그는 1610년 토스카나에 내려 로마로 향하다가 사망했다. 교황의 사면장은 그가 죽은 사흘 뒤에 도착하였다.

〈성 요한의 참수〉는 그림이 크다. 가로 5.2m, 세로 3.7m에 달한다. 그림 속의 인물들의 크기는 실제 사람 크기이다. 〈성 요한의 참수〉는 캔버스 내 왼편 아래쪽에서 저질러지고 있다. 나머지 대부분의 캔버스는 과감하게 어두운 색깔로 채워져 있다. 카라바조의 특징인 빛과 어둠의 대조를 통해 인간들이 행동하는 순간을 극적으로 잡아낸다.

세례 요한의 참수는 《신약성경》의 복음서에 드물게 기록된 살인사건이다. 아마도 예수를 십자가에 매달아 사망에 이르게 한 사건 다음으로 끔찍한 사건일 것이다. 세례 요한은 요단강 부근에서 유대 사람들에게 자신보다 위대한 인물이 구세주로 온다며 회개하라고 설교하였다. 그는 예수가 구세주임을 알아보고 세례를 하였다.

로마가 지배하던 갈릴리 지방의 영주격인 분봉왕 헤롯 안디바는 성 요한과는 사이가 나쁘지 않았다. 그런데 본부인과 이혼하고 자기 동생의 부인 헤로디아를 아내로 취하였다. 성 요한은 이러한 왕의 행위가 율법에 어긋난다며 공개적으로 비판하였다. 헤롯 안디바는 성 요한을 감옥에 가두어 설교도 못하게 하고 대중과의 접촉도 단절시켰다.

그런데 새 부인 헤로디아가 성 요한을 죽여 달라고 남편에 요구한다. 성 요한이 남편을 저버리고 헤롯과의 결혼을 감행한 헤로디아의 행위가 간통이나 다름없다고 비난했기 때문이었다. 헤롯 안디바는 성 요한의 설교도 자주 들었고 자문도 하는 처지였다. 성경에도 "헤롯이 요한을 의롭고 거룩한 사람으로 알고 두려워하여 보호하며 또 그의 말을 들을 때에 크게 번민을 하면서도 달갑게 들음이러라"고 기록되어 있다. 성 요한을 처형할 경우 자칫 그를 따르던 유대인들이 폭동을 일으킬 가능성도 있었다.

성 요한의 처형 기회를 노리던 헤롯 안디바는 자신의 생일날 유력 인사들을 초청하여 성대한 연회를 연다. 새 부인 헤로디아는 전 남편과의 사이에서 낳은 딸인 살로메로 하여금 연회석상에 나아가 남편 앞에서 춤을 추게 하여 기쁘게 한다. 헤롯 안디바는 살로메에게 "무엇이든지 네가 원하는 것을 내게 구하라. 내가 주리라." 하고 또 맹세하기를 "무엇이든지 네가 내게 구하면 내 나라의 절반까지라도 주리라."고 큰소리친다.

살로메가 어머니와 상의한 후 "세례 요한의 머리를 소반에 얹어 곧 내게 주기를 원하옵나이다."라고 말한다. 헤롯 안디바는 심히 근심하나 연회에 참석한 신하들과 갈릴리의 유력자들에게 자신이 약속을 지키는 왕이라는 사실을 과시할 필요가 있었다. 그는 시위병 하나를 보내어 "요한의 머리를 가져오라."고 명하니 그 사람이 나가

옥에서 요한의 목을 베어 그 머리를 소반에 얹어다가 소녀에게 주니, 소녀가 이것을 그 어머니에게 주었다. 요한의 제자들이 듣고 와서 시체를 가져다가 장사를 지냈다. 《마태복음》 14장 6~12절

카라바조는 헤롯 안디바의 명령에 따라 시위병이 감옥에서 성 요한의 목을 베는 광경을 상상하여 그림으로 표현하였다. 성 요한은 옆에 놓인 긴 칼에 베어 이미 목숨이 끊어졌다. 목에서 피를 흘리며, 얼굴색도 검게 변했다. 참수를 담당한 병사는 허리춤에서 짧은 칼을 꺼내 성 요한의 머리를 이제 막 베어낼 참이다. 그 앞에서 흰 피부의 소녀가 성 요한의 머리를 담으려고 허리를 굽힌 채 두 손으로 잡은 은쟁반을 들이대고 있다. 참수자의 옆에는 관리가 가슴을 활짝 펴고 성 요한의 머리를 잘라 은쟁반에 담으라고 오른손으로 지시하고 있다. 그 옆에 서 있는 나이 든 여성만이 이 끔찍한 만행이 두려운 듯 두 손으로 얼굴을 감싸고 있다. 그림의 오른편 끝에 있는 사람이 이를 바라보고 기겁한다. 하지만 감옥에 갇힌 처지라 어찌할 수가 없다.

기세등등하게 몰인정하게 참수하는 자, 마치 과일을 주워 담으려는 듯 기꺼이 참수된 머리를 담으려 쟁반을 기울이는 소녀, 참수를 지시하는 관리의 손가락과 표정 등이 소름끼치도록 역동적이고 사실적이다. 죄 없는 의인을 죽이고 목을 베어내는 사람들의 잔인한 행위들을 어쩌면 이토록 담담하게 표현할 수 있을까? 카라바조는 사람들의 옷을 동시대의 것으로 그려 넣었다. 사람 사는 세상에서는 언

제 어디서나 세례 요한의 참수처럼 의인을 희생시키는 사람들의 잔혹한 행위가 끊임없이 일어난다는 점을 보여주려 한 것 같았다.

참수를 지시하는 자와 집행하는 자, 그리고 잘린 머리를 쟁반에 얹어놓으려는 소녀의 행동에서는 뉘우침이나 망설임 등이 전혀 느껴지지 않는다. 흥분하거나 분노한 행동으로 보이지도 않는다. 침착하게 미리 계획된 행동을 하는 듯하다. 머리를 쟁반에 담으라고 지시하는 관리의 이마를 보면 M자형 탈모가 시작되고 있다. 평범하게 늙어가는 중년이다. 너무나도 평범한 중년의 한 관리가 사람들로부터 존경받는 요한의 목을 잘라 쟁반에 담으라고 지시하고 있다. 악의 평범성이라고나 해야 할까. 일상성이라고 해야 할까?

감옥에서 세례 요한의 참수가 일어나는 동안 바깥에서는 거나한 잔치가 펼쳐지고 있다. 왕은 딸에게 성 요한의 목을 선사하며 사람들에게 자신의 권력을 자랑한다. 생일잔치에 참석한 갈릴리의 유력인사들은 헤롯 안디바의 언행일치言行一致에 찬탄했을까. 왕의 새 부인 헤로디아는 자신의 죄악을 비판한 세례 요한의 목을 상납 받고 얼마나 흡족해 하였을까. 음탕한 춤으로 새 아버지를 유혹하여 성 요한의 목을 참수하게 만든 16세 소녀 살로메는 자신의 매력에 얼마나 자신하게 되었을까.

이 모든 인간의 죄스런 행동은 당시뿐만 아니라 오늘에도 이어지고 있다. 카라바조가 그림을 그리던 시대에도 인간은 무던히 죄를 저지르고 뻔뻔한 삶을 지속하였을 것이다. 인간의 악행이란 상황이나 환경 때문에 일어나는 것이 아니라, 인간의 본성에 새겨진 DNA 때문에 피할 수 없이 일어나는 운명이라고 카라바조는 그림을 통해 강조하는 듯하다.

죄 없는 의인을 처형하도록 명령을 내린 왕 헤롯 안디바, 성 요한의 수급을 은쟁반에 담아달라고 요구한 헤로디아, 음탕한 춤을 춘 대가로 성 요한의 목을 요구하고 이를 어머니에 바친 딸 살로메, 그리고 시신에서 목을 베어 쟁반에 담는 사람들…. 도대체 이러한 인간들이 구원을 받을 수 있을까?

카라바조가 1600년에 로마의 산 루이지 데이 프란체시 성당에 제공한 그림 〈성 마태오의 순교〉에서는 마태오가 순교하기 직전에 천사가 나타나 종려나무 가지를 건네고 있었다. 그러나 세례 요한이 순교하고 참수당하는 그림에는 천사를 등장시키지 않았다. 카라바조는 인간이 스스로의 무지와 잔혹성에 대해 깨우치는 것이 천국에서 내려오는 천사의 도움보다 더 중요하다고 본 것 같다. 카라바조가 성 요한의 바통을 이어받아 관람객들에게 "회개하라"고 외치는 듯하였다.

블루 그로토 뱃사공 노인의 야망

◆
블루 그로토의 동굴들

　아침에 순환버스를 타고 블루 그로토라는 해상 동굴지대로 갔다. 모터가 달린 나룻배를 타고 동굴지대를 관광하였다. 얕은 동굴을 일곱 개쯤 둘러보았다. 석회암 지대가 바닷물에 오랜 세월 침식되면서 파여 형성된 동굴이다. 이 일대에는 기암괴석이 조성되어 흥미로운 풍광을 만들어 놓았다. 위에서부터 아래로 늘어진 '코끼리 발굽'이라는 조그만 바위도 보인다. 한 동굴에서는 배의 양편에서 보이는 물의 색깔이 다르다. 한쪽은 블루, 다른 쪽은 그린이다. 아마도 석회암과 바닷물, 햇빛의 산란 등이 조화를 이루어 만들어 낸 결과가 아닌가 싶다.

　발레타에 돌아오니 거대한 크루즈 한 척이 들어와 있다. 중심 지역에는 인산인해이다. 대부분의 인파는 노인들이다. 뚱뚱하거나, 대머리이거나, 비틀거리며 걸음을 제대로 걷기도 어려워 보이는 백인 노인들이 대부분이다. 거리를 이리저리 돌아다니거나 카페에 앉아서 음식을 사먹는다. 오늘은 특히 일요일이라서 성 요한 성당도 문을 닫았다. 크루즈 여행이라는 게 이렇게 하릴없이 이리저리 쓸려다니며 시간을 보

◆
블루 그로토의 한 동굴
같은 장소의 바다지만 색깔이 다르다.

내는 게 일인가 보다.

아내는 왜 노인들끼리 다니겠나? 젊은이들이 상대해 주지 않으니까 그럴 거라 한다.

오전에 블루 그로토에 갔을 때 동굴 앞에 커다란 요트가 한 척 떠 있었다. 우리가 탄 나룻배를 운항하던 노인이 그 멋진 요트를 보고 "저런 요트를 갖는 게 내 꿈"이라고 하였다. 내가 "Be Ambitious!"라고 말해 주자, 노인이 고맙다며 웃었다. 나는 가슴 속으로 다시 한 번 외쳤다.

'Old man, be ambitious!'

◆
거룻배의 늙은 사공이 꼭 갖고 싶다고 말한 요트

아내가 배를 타고 싶어 하여 쓰리시티로 배를 타고 갔다가 밥을 먹고 다시 배를 타고 돌아왔다. 내일 비행기를 타고 집으로 돌아가면 하루가 추가되어 정확히 21일간 여행한 것이 된다. 아내는 집을 나선 날이 길어질수록 다 큰 아이들 걱정을 점점 더 많이 한다.

"이제 힘들어지는 걸 보니 집으로 돌아갈 때가 된 것 같군."

"여행도 좋지만 여행 끝나고 돌아갈 집이 있는 게 진짜 좋아요."

여행 마지막 날 저녁 때 아내가 숙소에 돌아와 한 말이다.

이 여행기를 정리하는 동안 중국 우한에서 시작된 '코로나19' 바이러스가 전 세계를 강타하였다. 코로나19가 중국 국경을 넘어 아시아, 유럽 그리고 미국 등 세계 각국으로 빠르게 확산되었다.

코로나19가 확산되자 한국인들은 국내에 발이 묶이게 되었다. 2019년 해외여행을 떠난 한국인은 한 해에 3천만 명에 달했다. 해외여행이 이미 일상으로 자리잡은 상황에서 코로나19가 만들어낸 뜻하지 않은 국경봉쇄가 한국인들에게는 매우 불편하지 않을 수 없다. 이탈리아는 국민총생산GDP의 15% 가량이 관광수입에서 나온다. 한국인들이 해외여행을 즐기는 것이나 이탈리아인들이 관광객을 받아들여 소득을 올리는 것이나 모두 글로벌 시대가 가져다준 풍요임에 틀림없다.

코로나사태 이후 한국은 140여 개국으로부터 입국 금지 조치를 당했다. 사업차 외국 방문을 못해 발을 동동 구르는 사람도 많고. 가슴이 설레이는 단 한 번뿐인 신혼여행, 은퇴여행, 효도여행 등을 떠나지 못해 안타까워하는 사람도 많다. 한국의 국제공항에서는 여객기가 거의 날지 못하고 여행사들의 수입은 제로가 되었다. 관광대국 이탈리아를 찾는 사람도 사라졌다. 가장 원시적인 생명체인 코로나19 바이러스가 인류가 반만 년 동안 공들여 이룬 글로벌 시대의 삶을 뿌리에서부터 흔들고 있다. 그러나 코로나19 역병이 인류에게 처음 닥친 시련은 아니다.

로마의 산탄젤로 성 지붕 꼭대기에 있는 천사장 미카엘의 동상에는 역병 치유에 관한 전설이 담겨 있다. 6세기에 창궐한 역병 때문에 사람들이 죽어가자 미카엘 천사장이 나타나 역병을 치유하였다. 당시 불안해하는 사람들이 우상을 찾는 일이 잦아지자 미카엘 천사장이 우상을 단칼에 베었으며, 그레고리우스 1세 교황이 이를 보았다는 이야기이다.

유명한 조각가 미켈란젤로의 〈모세 상〉이 설치된 로마의 산 피에트로 인 빈콜리쇠사슬에 묶인 성 베드로 성당에는 성 베드로가 묶여 있었다고 전해지는 쇠사슬이 보관되어 있다. 성당 천장에는 교황이 불치병을 앓는 여성의 목에 성 베드로의 쇠사슬을 대고 치유하는 광경이 그려져 있다. 교황과 환자 등 그림에 등장하는 인물 모두가 치유의 기적을 필사적으로 믿고 있는 모습이다.

코로나가 한창인 요즘 산탄젤로 성에 있는 미카엘 천사장의 동상과 산 피에트로 인 빈콜리 성당의 천장화를 떠올렸다. 이탈리아인들은 결국 그러한 역병을 극복하고 오늘에 이르고 있다. 그들은 도리어 고통스런 역병과 극복의 역사를 소중한 예술품에 담아 기념하며 후세에 전하고 있다.

현재 전 세계에 코로나19 바이러스가 창궐하여 많은 사람이 희생되고 국경이 막히고 있다. 그러나 인류는 많은 역병과 전쟁을 겪으며 지금까지 생존해 왔다. 코로나19도 인류에 닥친 또 하나의 고통이다. 인류는 이를 극복할 수 있다고 믿으며, 지혜를 동원하여 보다 나은 세상을 만들어갈 것이다. 인류가 다시 글로벌 시대를 회복하고 더 많은 사랑을 나누는 세상을 열어갈 것을 굳게 믿는다.

2020년 4월 우태영

이탈리아를 만나면
세상은 이야기가 된다

글 우태영 | 발행인 김윤태 | 발행처 도서출판 선 | 편집 · 교정 김창현 | 북디자인 디자인이즈
등록번호 제15-201 | 등록일자 1995년 3월 27일 | 초판 1쇄 발행 2020년 5월 25일
주소 서울시 종로구 삼일대로 30길 21 종로오피스텔 1218호 | 전화 02-762-3335 | 전송 02-762-3371

값 25,000원
ISBN 978-89-6312-597-8 03920